# ACCOUNTABILITY

Julia Gianzanti

# ACCOUNTABILITY

a competência essencial
para transformar sua vida

**Labrador**

© Julia Ornellas Caggiano Gianzanti, 2024
Todos os direitos desta edição reservados à Editora Labrador.

Coordenação editorial Pamela J. Oliveira
Assistência editorial Vanessa Nagayoshi, Leticia Oliveira
Capa Amanda Chagas
Projeto gráfico Marina Fodra
Diagramação Estúdio dS, Amanda Chagas
Preparação de texto Vinícius E. Russi
Revisão Maurício Katayama

---

Dados Internacionais de Catalogação na Publicação (CIP)
Jéssica de Oliveira Molinari - CRB-8/9852

---

Gianzanti, Julia
  Accountability : a competência essencial para transformar sua vida / Julia Gianzanti.
  São Paulo : Labrador, 2024.
  144 p.

  ISBN 978-65-5625-663-4

  1. Desenvolvimento pessoal 2. Liderança 3. Comportamento organizacional 4. Ética no trabalho I. Título

24-3583                                               CDD 158.1

---

Índice para catálogo sistemático:
1. Desenvolvimento pessoal

## **Labrador**

Diretor-geral Daniel Pinsky
Rua Dr. José Elias, 520, sala 1
Alto da Lapa | 05083-030 | São Paulo | SP
contato@editoralabrador.com.br | (11) 3641-7446
editoralabrador.com.br

A reprodução de qualquer parte desta obra é ilegal e configura uma apropriação indevida dos direitos intelectuais e patrimoniais da autora. A editora não é responsável pelo conteúdo deste livro. A autora conhece os fatos narrados, pelos quais é responsável, assim como se responsabiliza pelos juízos emitidos.

*Somente quando temos coragem
suficiente para explorar a
escuridão, descobrimos o poder
infinito de nossa própria luz.*

**Brené Brown**

Ao meu marido, e eterno companheiro, que me apoiou nessa jornada; e aos meus filhos, que me ensinam todos os dias a desbravar meu autoconhecimento.

À minha irmã, Fernanda, minha melhor amiga e constante incentivadora.

Ao meu tio Edu; e às minhas amigas Débora e Sheila, que me ajudaram a aprimorar esta obra.

Aos meus pais, por me educarem no caminho da autorresponsabilidade.

# SUMÁRIO

**INTRODUÇÃO** ──────────── 11

**CAPÍTULO 1: Afinal, o que é *Accountability*?** ──────── 13

   Os meus 33% ──────────── 13
   Um breve resumo do estudo ──── 17
   A origem da palavra *Accountability* ──── 20
   O significado de *Accountability* ──── 22
   Fundamentos da *Accountability* ──── 24
   Vulnerabilidade e o medo de falhar ──── 30
   Culpa x responsabilização ──── 33
   Vale a pena? ──────────── 36
   Nem tudo são flores ──────── 38

**CAPÍTULO 2: As competências da *Accountability*** ──────── 41

   Conceituando competências ──── 41
   As 23 competências originais ──── 43
   Os três passos da *Accountability* ──── 48
   As doze competências mais importantes ── 53

## CAPÍTULO 3: Identificando minha *Accountability* — 109

    A linha tênue que separa o vitimismo do protagonismo — 109

    As armadilhas da *Accountability* — 118

    O limite da *Accountability* — 123

## CAPÍTULO 4: Colocando em prática — 127

    Avaliando meus 33% — 127

    Avaliando minhas competências — 131

    Construindo meu Plano de Desenvolvimento Individual — 133

    Lidando com as minhas dificuldades e os meus obstáculos — 136

    Um breve relato inspirador — 137

    O que vem depois? — 139

# INTRODUÇÃO

Nos dias de hoje, e principalmente após a pandemia de covid-19, cada vez mais somos cobrados para assumir responsabilidade por nossos resultados, independentemente da presença de um gestor. No entanto, os desafios constantes e turbulentos do dia a dia nos conduzem, inconscientemente, a justificativas para os problemas, na tentativa de explicar para nós mesmos e para os outros por que não cumprimos com determinada demanda. Mas será que essa é realmente uma boa saída ou só aumenta nossa encruzilhada?

Com o objetivo de ampliar nossa visão sobre esse tema, minha proposta é esclarecer como a *Accountability* consegue nos ajudar a assumir uma postura de dono de nossas vidas e, assim, gerar as transformações necessárias nos diferentes contextos nos quais estamos inseridos.

Com dados baseados em meu estudo de mestrado, concluído em 2016, e de diversas experiências profissionais enriquecedoras como palestrante, professora e consultora, o livro trará ao mesmo tempo informações consistentes e inquietações provocativas, com o objetivo de convidar você a assumir o verdadeiro protagonismo de suas ações e gerar soluções eficazes diante das adversidades que enfrenta.

Espero que algumas armadilhas que construímos para nós mesmos sejam esclarecidas ao longo das próximas páginas. Que tal ao menos tentar esclarecê-las?

Boa leitura!

CAPÍTULO 1

# Afinal, o que é *Accountability*?

## OS MEUS 33%

Era 2005, e eu acabara de entrar em uma multinacional do ramo de telecomunicações que passava por uma forte reestruturação na área de recursos humanos (RH). Com o objetivo de contribuir de forma mais assertiva para as mudanças organizacionais, foi adotado o modelo de Business Partner, também conhecido como Consultoria Interna.

Eu fui contratada como analista de RH, com o papel de dar suporte ao time de consultoras. Por se tratar de um cargo mais inicial, minha meta pessoal era alcançar a posição de consultora interna e, assim, passar a ser responsável pelo atendimento ao cliente interno.

Determinada, coloquei a "faca nos dentes" para construir o meu caminho de crescimento profissional. Participava de todas as oportunidades de aprendizado que poderiam alimentar a minha jornada. Sem hesitar, fiz parte do Comitê de Clima, do Comitê de

Recrutamento & Seleção e fui até auditora interna da ISO 9001. Enfim, eu não parava quieta. Na época, trabalhava até tarde todos os dias para buscar novas formas e oportunidades de aprender e de ampliar o meu espaço ocupacional.

Depois de alguns meses, o primeiro convite finalmente aconteceu: liderar um processo de contratação em massa para uma área da empresa. A consultora responsável por atender essa diretoria me propôs que eu fosse falar diretamente com o diretor responsável, na intenção de encurtar o caminho e acelerar o processo de preenchimento das vagas. Atendi imediatamente a sugestão e, junto com a responsável pelo processo de recrutamento e seleção, tive liberdade para falar com o demandante, ouvir a sua necessidade e construir uma estratégia de prospecção e de filtro dos candidatos que contava com dinâmicas e rodadas de entrevistas, antes de direcionar a cada gestor os profissionais que atendiam aos pré-requisitos. O projeto foi um sucesso, e, cerca de quarenta dias depois, todas as vagas já estavam preenchidas.

Ainda orientada pelo meu objetivo, avancei mais um passo e sugeri a realização de um processo de integração especial, com um encontro de um dia para a construção da missão da nova área, seguida de capacitações nas áreas pares. Alguns meses depois, minha gerente me chamou e disse: "Não podemos negar a sua atuação. Você está sendo convidada a cuidar de uma diretoria diretamente, mesmo como analista ainda". Não me esqueço daquele momento até hoje – e, olha, já faz um bom tempo! Meu esforço e minha iniciativa estavam valendo a pena.

A única condição era o acúmulo temporário de funções. Eu continuaria a dar suporte a outras duas consultoras enquanto assumia "a minha própria diretoria". Eu entendi que isso faria parte do meu processo de amadurecimento na nova função e prontamente aceitei a proposta. Minhas asas começaram a se abrir... Eu propunha tudo e mais um pouco para o "meu" novo "cliente". Queria colocar em prática tudo o que eu acreditava que poderia dar certo e lá estava eu, brilhando – ou pelo menos assim eu achava!

Como todos já sabem, os principais aprendizados da vida acontecem quando menos esperamos. Em determinado momento, percebi que não estava mais integrada aos meus colegas de RH. Sabe aquela cena em que as pessoas saem para almoçar e não o chamam?

Pois bem, no começo eu pensei: "Será que é inveja por eu ser a única analista que está nesse processo de exposição direta com o cliente?". Mas, em um momento de lucidez, eu me dei conta de que, se fazia parte de uma equipe de três pessoas, em uma conta de matemática simples, era possível que 33% do problema estivesse comigo. Será? Por que não?

Na dúvida, optei por conversar com uma das consultoras com a qual tinha mais afinidade. Chamei a minha colega para almoçar e pedi um feedback. Perguntei genuinamente se algo estava acontecendo, com a esperança de a resposta ser: "Só estamos com inveja de seu sucesso". Acabei recebendo uma resposta que me deixou sem reação: "Que bom que você pediu esse feedback". Pausa dramática... Cara de paisagem... Sorriso amarelo e lá fui eu ouvir o que a minha colega tinha a me dizer. Acredito que, lá no fundo, eu ainda tinha uma esperança de que esses 33% não fossem meus, mas o que ocorreu é que recebi um dos feedbacks mais sinceros da minha vida. Eu estava me descolando da equipe, EU estava me excluindo. No afã de fazer acontecer, fui me distanciando de tal forma que a minha equipe não me reconhecia mais como parte dela.

Gosto de contar esse episódio não só por exemplificar a importância da *Accountability* em uma situação real, mas principalmente para compartilhar dois importantes aprendizados que tive e que inauguraram minha relação com esse tema. O primeiro e mais dolorido foi: **se você se incomoda com algo, ninguém melhor do que você para buscar respostas e soluções para seus próprios desconfortos.** Ou seja, quem estava incomodada naquele momento era somente eu e mais ninguém. Isso significa que ninguém poderia ser mais responsável do que eu mesma para cuidar daquele problema. O segundo, mas não menos importante, é que só podemos nos tornar *accountables* a partir do momento em que percebemos que fazemos parte do problema. E esse é um dos maiores princípios da *Accountability*: **se você é parte do problema, você é parte da solução!**

Por mais duro que isso possa parecer, é incrível saber que você pode mudar as situações quando assume os seus 33%. Não é possível transformar o cenário se não nos percebemos como parte dele. Por isso, eu entendo *Accountability* como um processo de transformação, pois nos coloca em um lugar de protagonismo da solução que, acredite, está muito mais em nós mesmos do que imaginamos.

Quer descobrir os seus 33%?

## UM BREVE RESUMO DO ESTUDO

A partir desse primeiro estalo, comecei a observar as diferentes situações ao longo da minha carreira como profissional de RH. Para quem não está familiarizado com a área, basta imaginar que quase todos os problemas que ocorrem dentro das organizações têm a ver com gente. Esse é o departamento, teoricamente, especializado em orientar sobre as soluções desses problemas. Isso significa que boa parte da minha carreira foi direcionada para ajudar pessoas a enfrentarem situações relacionadas a outras pessoas. Mas e se o problema não estivesse na outra pessoa, e sim em si mesmo?

Comecei a exercitar, então, essa possibilidade na prática, devolvendo o assunto ao interlocutor por meio de questionamentos genuínos. Quando um líder com dificuldade em reter uma de suas melhores funcionárias me pediu um aumento de salário para mantê-la na organização, eu o indaguei: "Mas você perguntou para ela o motivo de sua saída?". Ao pesquisar o motivador da saída, curiosamente ele percebeu que estava mais relacionado à oportunidade de trabalhar mais próximo de sua casa e ficar mais tempo com sua filha recém-nascida do que com a questão salarial. Neste caso, o problema não era o gestor, certo?

Poderia ser que sim, poderia ser que não, mas quantos líderes iniciam uma conversa como essa buscando compreender seus 33% em vez de já buscar uma solução para os seus problemas? Digo isso porque, em outra ocasião, na mesma empresa, um outro gestor fez o mesmo movimento de procurar o RH antes de investigar a real motivação da saída de um funcionário. Na entrevista demissional, descobriu-se que o problema estava na liderança – e não na proposta atrativa de outra empresa. Não faltam pesquisas para mostrar que a maioria das pessoas pede demissão do líder, e não da empresa.

Voltando ao ponto inicial, o que percebi é que as demandas chegavam para mim sempre com um olhar muito mais forte sobre o outro do que sobre si mesmo. Durante as conversas, conseguia ao menos tentar mostrar o quanto a pessoa tinha mais poder de mudança sobre a situação do que ela imaginava ao se deparar com os seus 33%.

As experiências foram se somando, até que em 2014, em um momento de transição de carreira, decidi pesquisar esse tema em minha dissertação de mestrado. Até então, não estava claro que isso era *Accountability*, o que descobri somente após investigar mais a fundo o que era autorresponsabilidade.

A primeira parte da pesquisa foi, portanto, sobre o conceito de *Accountability* e como cada autor identificava as competências relacionadas a uma postura *accountable*. Na época, cheguei a identificar 23 competências relacionadas, apresentadas no capítulo 3 deste livro. O desafio seguinte foi entrevistar os participantes na tentativa de identificar o quanto eles aplicavam aquelas competências no dia a dia e, assim, gerar uma grade comparativa. Com os resultados em mãos e com o objetivo de validar minha percepção, entrevistei os respectivos gestores e inclui nessa etapa uma análise sobre o desempenho dos participantes. Esses dados foram plotados em uma matriz "Nine Box",[1] gerando uma correlação entre o desempenho dos participantes e o resultado da avaliação das competências da *Accountability*. Os resultados apontaram para uma relação estreita entre o nível de *Accountability* e o desempenho dos colaboradores. Mas... se esse resultado parece óbvio, então a pergunta deve ser: por que não somos *accountables* naturalmente, ainda mais se isso contribui para o nosso sucesso?

Nasce, então, uma segunda jornada de pesquisa mais empírica, buscando recursos para ajudar a compreender quais os desafios no desenvolvimento da *Accountability* e como promover uma postura *accountable* sustentável. A concepção deste livro foi um dilema, e, por isso, a demora de seu nascimento. Por um lado, um dado de pesquisa validado; por outro, um oceano de novas experiências não estruturadas de forma científica. Pensei na época em fazer o doutorado para dar

---

1 LEME, R. *(Re)descobrindo a matriz nine box: conceitos e aplicação prática da ferramenta na gestão de pessoas, no planejamento estratégico e na gestão geral.* Rio de Janeiro: Qualitymark, 2014.

andamento de forma mais sólida aos novos achados, mas meu coração me chamava constantemente para colocar em prática o meu conhecimento e ajudar as pessoas em seu processo de evolução.

Tomei, enfim, uma decisão: não fazer o doutorado (ainda) e escrever uma obra que consolidasse essas ideias e experiências. Alguns a chamarão de obra de autoajuda; outros defenderão que existem referências suficientes para considerá-la uma obra científica. No fundo, o que importa é ajudar as pessoas a serem protagonistas conscientes de suas potencialidades e escolhas. Se esse objetivo for alcançado, fique à vontade para categorizar esta obra como julgar pertinente.

## A ORIGEM DA PALAVRA *ACCOUNTABILITY*

Apesar de este livro ter como objetivo contribuir para o desenvolvimento do protagonismo individual, é importante conhecer de onde nasce a *Accountability*, uma vez que muitas pessoas conhecem o uso do conceito associado a diferentes áreas. Boa parte dessa correlação se dá com a sua história e utilização ao longo do tempo.

A palavra *Accountability* nasce do latim *accomptare*, que significa contabilizar. O sentido de prestação de contas tem raízes antigas nas atividades de manutenção de registros relacionadas à governança e aos sistemas de empréstimo de dinheiro, desenvolvidos pela primeira vez no Egito Antigo, em Israel, na Grécia e mais tarde em Roma. No entanto, sua primeira aparição no dicionário inglês ocorreu há mais de dois séculos, quando, em 1968, Frederick Mosher publicou em sua obra *Democracy and the public service* o significado de *Accountability* como sendo a responsabilidade de uma pessoa ou organização perante outra.[2]

Diversos autores estudaram, e ainda estudam, qual seria a melhor forma de traduzir e definir *Accountability* no português, mas a conclusão a que se chega é que, além de não se encontrar um único termo que contemple a palavra em sua totalidade, dependendo do contexto em que se emprega, o seu significado pode variar. Sua abrangência e complexidade permitem utilizá-la em diversas situações. É por essa e outras razões que *Accountability* ainda está em busca de sua melhor identidade, principalmente nos países de origem latina, como o Brasil.

No entanto, independentemente da adoção do termo, o fato é que *Accountability* nasce da sua própria **capacidade de assumir a responsabilidade por seus comportamentos e atitudes** e, por isso, vem ganhando muita força no campo de competência individual e de liderança.

Algumas tentativas de tradução para que a palavra ganhasse conotação nessas frentes foram: responsabilização, autorresponsabilização e protagonismo. As duas primeiras seriam a tradução mais literal, mas a

---

[2] MOSHER, F. C. *Democracy and the public service.* 2. ed. Northamptonshire: Oxford University Press, 1982.

sua adoção levaria à perda de parte de seu significado, que vai além de assumir a responsabilidade sobre algo. Já "protagonismo" é um termo emprestado do teatro e, por isso, pode passar a impressão de que ser *accountable* serve apenas para pessoas que estão em posição de destaque. De uma forma ou de outra, todas as tentativas ainda estão em processo de exercício, para que possamos adotar no Brasil a melhor forma de traduzir *Accountability* em sua essência.

## O SIGNIFICADO DE *ACCOUNTABILITY*

Se pesquisar hoje a palavra *Accountability* no Google, você se deparará com a definição do dicionário de Oxford: "*the fact or condition of being accountable; responsibility*", ou seja, em uma tradução livre, "fato ou condição de ser responsável; responsabilidade".

Em minha pesquisa de mestrado, os autores estudados descrevem *Accountability* de forma semelhante, apresentando pequenas variações em relação à conotação, à abrangência e às competências. Um ponto central descrito de forma geral é que *Accountability* está diretamente relacionado ao **ato de não culpar o próximo ou buscar justificativas para eventuais falhas ou erros,** ou seja, um combate à não vitimização diante dos diversos entraves, problemas e acontecimentos que ocorrem na vida de cada um. Para os autores estudados, o importante é **apropriar-se da responsabilidade de seus atos e suas escolhas,** derrubando a barreira da impotência perante as dificuldades encontradas. De forma ainda mais convergente, os autores defendem a relação do alto nível de *Accountability* no sucesso pessoal e profissional e, inclusive, apontam que pessoas *accountables* são responsáveis pelo sucesso da organização. O consultor em *Accountability*, Estratégia e Inteligência Emocional Henry J. Evans, por exemplo, inaugura sua obra *Winning with Accountability* [Vencendo com *Accountability*] com a frase "times de sucesso não existem sem *Accountability* – alta performance e *Accountability* andam de mãos dadas";[3] enquanto Henry Browning, autor de *Accountability: taking ownership of your responsibility* [*Accountability*: apropriando-se da sua responsabilidade], sugere que as organizações querem pessoas capazes de se responsabilizar por seus projetos, processos e problemas, independentemente da posição que ocupam.[4]

Por isso, gosto de explicar *Accountability* como **a capacidade de reconhecer e assumir seus comportamentos e impactos nas situações que enfrenta e promover mudanças e soluções a partir do repensar de suas próprias ações**. Essa definição permite olhar com maior amplitude o conceito e nos convida a prestar atenção em elementos importantes, para uma postura verdadeiramente protagonista. É por essa razão, inclusive, que utilizo *Accountability* associada

---

3 EVANS, H. J. *Winning with Accountability – The secret language of high-performing organizations*. Dallas: CornerStone Leadership Institute, 2008.
4 BROWNING, H. *Accountability – Taking Ownership of Your Responsibility*. Greensboro: Center for Creative Leadership, 2012.

ao artigo feminino. Na minha crença, *Accountability* é uma competência, uma habilidade, por isso: *a Accountability*. Mas claro que você vai ouvir muitas vezes a defesa de que uma palavra pronunciada em seu idioma original deve ser acompanhada do artigo masculino. Isso está correto do ponto de vista gramatical, mas não desmerece ou invalida minha licença poética, concorda?

## FUNDAMENTOS DA *ACCOUNTABILITY*

Você perceberá, ao longo do livro, que *Accountability* nada mais é do que um conjunto de virtudes, competências e comportamentos que, quando desenvolvidos, nos permitem sermos pessoas mais autorresponsáveis por nossas ações. No entanto, antes de entrarmos em questões mais práticas sobre o desenvolvimento dessas capacidades, é necessário construirmos um alicerce muito importante, pautado em valores e princípios que permitem que a *Accountability* ocorra de forma mais profunda. Mas o que são valores?

Quando nos remetemos à palavra "valor", geralmente pensamos em algo tão importante que se torna orientador de nossas crenças e atitudes. Em 2012, o psicólogo social Shalom H. Schwartz liderou a publicação do artigo "Teoria dos valores humanos básicos", no qual defende a existência de dez valores universais reconhecidos nas principais culturas, que servem como

**princípios orientadores na vida de uma pessoa ou um grupo.**

Em uma escala de flexibilidade, é possível dizer que um valor é algo mais sólido, pois uma crença pode ser ressignificada e um comportamento pode ser mudado. Portanto, nossos valores são os alicerces de nossas crenças e nossos comportamentos e, por isso, os principais guias de nossas atitudes. Se os valores são os grandes responsáveis por direcionar nossos comportamentos, ao pensar em uma pessoa *accountable*, somos naturalmente remetidos à imagem de alguém que cumpre com sua palavra e assume a responsabilidade perante as situações. Quais seriam, porém, os princípios norteadores de uma pessoa *accountable*?

## Ética

Explorar o conceito de ética com a devida profundidade exigiria uma obra à parte para cobrir toda a discussão em torno da complexidade desse tema. No entanto, vou tentar restringir o seu significado à fatia que nos interessa neste momento.

A ética é um dos principais valores da *Accountability*, ao iluminar nossas decisões acerca do que realmente é o certo a fazer. Não é à toa que a área de governança adotou com propriedade o termo, uma vez que uma pessoa *accountable* faz o que é correto, independentemente de as regras estarem explícitas.

Um exemplo muito simples do uso da ética na *Accountability* é a utilização da vaga para pessoas com deficiência no estacionamento do shopping. Quantas vezes não nos deparamos com um carro sem identificação em uma vaga de acessibilidade? Se você for abordar o motorista do carro, provavelmente a justificativa que ele dará será: "Mas tem outras vagas como essa, e eu não encontrei uma para estacionar meu carro", ou ainda "Parei, mas foi rapidinho". Qualquer que seja a justificativa, uma pessoa *accountable* entende que não existem desculpas para se fazer o que é errado. Se você não tem uma deficiência, não pare na vaga reservada a essas pessoas, simples assim.

Percebemos que estamos, infelizmente, acostumados com a cultura da "(des)culpa" e, justamente por ser tão frequente, parece que não nos incomodamos mais. Costumo perguntar em minhas palestras por que as pessoas acham que temos tanta burocracia no Brasil. Uma das formas de analisarmos esse traço cultural é a falta de *Accountability*. Em nossa cultura, precisamos de leis para blindar as brechas, para que as pessoas não se aproveitem da situação e, quando vemos, temos a regra da regra da regra.

Portanto, se você quer ser uma pessoa realmente *accountable*, esteja preparada para cumprir com o certo, independentemente de quem esteja vendo. Isso potencializará a possibilidade de assumir os seus comportamentos de forma mais justa, acima de tudo, consigo mesmo. Se *Accountability* está relacionada a assumir os seus atos e impactos, melhor agir da forma certa, não é mesmo? Como o escritor e filósofo inglês G. K. Chesterton escreveu:

> "**O certo é certo**, mesmo que ninguém o faça. O **errado é errado**, mesmo que todos se enganem sobre ele."[5]

## Integridade

A palavra "integridade" vem do latim *integritate* e pode ser encontrada no dicionário Oxford Languages e no Google como "estado ou característica daquilo que está inteiro, que não sofreu qualquer diminuição; plenitude, inteireza". Se pensarmos em uma pessoa íntegra, somos remetidos a uma pessoa que honra a sua palavra, que não se corrompe, que se mantém inteira. Portanto, para uma pessoa *accountable*, a integridade é a capacidade de agir de acordo com o que se fala, ou seja, ter coerência entre o seu discurso e as suas ações, assumindo o que foi proferido.

## Coragem

A coragem entra como um terceiro elemento importante para a uma postura *accountable*. Não basta termos ética e integridade se não tivermos coragem de

---

5   CHESTERTON, G. K. *Considerando todas as coisas*. Campinas: Ecclesiae, 2013.

assumir nossos comportamentos, mesmo quando convidados ao oposto.

Há uma conhecida frase, atribuída ao sul-africano Nelson Mandela, que diz: "Aprendi que a coragem não é a ausência do medo, mas o triunfo sobre ele. O homem corajoso não é aquele que não sente medo, mas o que conquista esse medo". A coragem não é, portanto, a ausência de medo, mas a capacidade de reconhecer o próprio medo e encará-lo como parte de nós, para que ele não seja tão forte a ponto de dominar nossos comportamentos. Quantas vezes não pensamos "se eu assumir que fui eu, serei punido por isso. Então é melhor não falar nada".

Ronaldo B. Pickett, um dos autores que estudei, defende que *Accountability* tem relação direta com a maturidade.[6] Quem tem filhos logo vai entender essa associação. Como as crianças estão em fase de construção de sua própria autoconfiança e identidade moral, é muito comum vê-las se esquivando da responsabilidade por algo. Se você perguntar "quem fez isso?" diante de uma falha, esteja preparado para escapes, justificativas ou acusações. E, assim, crescemos nos deparando com adultos que até hoje respondem: "Não fui eu".

---

6  PICKETT, R. B. Managing the accountability of your staff. *Physician Executive*, v. 40, n. 4, p. 20-22, July 2014.

## Humildade

Por fim, um último elemento, mas não menos importante, da *Accountability* é a humildade. Esse valor passou despercebido durante meu estudo, mas fui identificando sua importância após começar a trabalhar com o tema de forma mais intensa. Costumo dizer que "a humildade é o que separa os meninos dos homens". Mais à frente você vai saber como a falta da humildade pode ser traiçoeira, levando a um comportamento falso de *Accountability*. Por ora, adianto que a humildade vai sempre colocar os seus pés no chão e permitir que você faça a pergunta: "quais são os meus 33%?".

Se os valores são importantes ditadores de nossos comportamentos, isso significa, então, que pessoas que não têm esses valores não serão *accountables*?

Como tudo na área de humanas é relativo, seria bastante simplista da nossa parte julgar o ser humano de forma dicotômica, ou seja, tem ou não tem – se tem, é; se não tem, não é. Minha sugestão é ampliarmos esse olhar e perguntar como fazer para que a pessoa se sinta mais capaz de assumir os seus atos. Além disso, lembrando-nos da nossa querida Psicologia Comportamental, não podemos nos esquecer de que modelar comportamentos nos ajuda a desenvolver novas formas de nos posicionarmos e revisitarmos nossas crenças.

Portanto, *Accountability* é:

**ÉTICA** para fazermos o que é certo;
**INTEGRIDADE** para respondermos por nossos atos;

**CORAGEM** para assumirmos nossa responsabilidade;
**HUMILDADE** para reconhecermos nossos 33%.

## VULNERABILIDADE E O MEDO DE FALHAR

O que torna tão difícil dar o primeiro passo?

Reconhecer que somos parte do problema é, na verdade, o grande desafio da *Accountability*. Olhar para dentro de nós e assumir nossa vulnerabilidade não é tão simples e muito menos confortável. Ainda temos receio de encarar nossa parte imperfeita, da qual temos vergonha e que não nos representa como gostaríamos. Isso dói, incomoda, dá medo. A pesquisadora Brené Brown descreve muito bem essa dificuldade em sua obra *A coragem de ser imperfeito*.[7] Nela, Brené menciona que um dos maiores medos do homem é ser considerado fraco, e da mulher, imperfeita. Se a coragem é a nossa capacidade de enfrentar e dialogar com os nossos medos, se não tivermos ousadia suficiente de olhar para dentro, nossas inseguranças e crenças serão, muitas vezes, as verdadeiras ditadoras veladas de parte dos nossos comportamentos.

A vulnerabilidade nos coloca em um lugar de oportunidades, de refletirmos efetivamente sobre quem queremos ser, assumindo que nossas imperfeições fazem

---

[7] BROWN, B. *A coragem de ser imperfeito: como aceitar a própria vulnerabilidade, vencer a vergonha e ousar ser quem você é*. Rio de Janeiro: Sextante, 2016.

parte de nós. Isso significa que, se não nos conhecermos o suficiente e nos aceitarmos integralmente, incluindo nossas imperfeições, não teremos a gestão verdadeira de nossos comportamentos.

Em 2022, iniciei um processo de mentoria com uma diretora da área jurídica, profissional competente e muito capaz de defender suas ideias e opiniões com fortes argumentos. Seu maior medo? Falhar. Temia que percebessem que ela não merecia o lugar que ocupava. Isso fazia com que ela não assumisse suas dúvidas e, muito menos, suas falhas. Por um lado, havia uma pessoa ética, íntegra e muito capaz de defender o que é certo; por outro, uma pessoa insegura, com dificuldade de reconhecer quando era parte do problema. Quantas vezes nos deparamos com essa situação em nosso cotidiano? É a partir desse viés inconsciente que acabamos colocando a culpa da situação em algo ou alguém sem perceber.

O segundo ponto é que, mesmo que tenhamos consciência da forma que agimos e do impacto que geramos, não é tão fácil mudar. Somos resultado de um acúmulo de histórias, crenças e comportamentos enraizados no nosso jeito de ser e, muitas vezes, já parte da nossa identidade. Arriscar fazer diferente significa, em nosso inconsciente, colocar em xeque o que conhecemos sobre nós mesmos.

Por fim, para dificultar ainda mais esse acesso às nossas imperfeições, fomos educados e convencidos em nossa história de que falhas não são bem-vindas e arriscar pode acarretar consequências imprevisíveis.

Desde criança, a escola tradicional, por exemplo, nos contou que, se errarmos na prova, não passamos de ano. Quando crescemos, vemos nossos chefes nos punindo pelos erros e nos dando uma nota ruim nas avaliações de desempenho se não atuamos de acordo com os comportamentos desejados pela empresa. Apesar de existirem diversos movimentos que nos convidam a tratar a falha como um processo de aprendizado, em nosso viés inconsciente ou até consciente, quando alguém falha, não demonstramos tanta compaixão assim.

Diversos líderes me procuram querendo fazer com que os seus colaboradores sejam mais *accountables*. Um dos traços culturais que mais investigamos é justamente a Segurança Psicológica, conceito descoberto e propagado principalmente por Amy Edmondson e associado à construção de relações com baixo risco interpessoal. Ou seja, se os líderes crucificam seus subordinados e punem os erros, como eles querem que as pessoas sejam corajosas o suficiente para assumirem suas falhas e se disponham a mudar? É muito difícil manter uma postura *accountable* em um ambiente que não valoriza esse tipo de comportamento e que pune quem assume as falhas.

Então, por que assumir esse risco?

Porque entrar em contato com esse medo é uma forma poderosa de tentar entender como ele nos domina. É só por meio desse diálogo verdadeiro e corajoso que podemos tratar a falha como ela realmente merece ser tratada: como parte de nós. Por isso é que não adianta fugirmos dela, colocá-la em outra pessoa em formato de culpa ou negar sua existência. Permita-se ser humano. Permita-se assumir suas imperfeições. Esse é o primeiro passo maduro de uma verdadeira *Accountability*.

## CULPA X RESPONSABILIZAÇÃO

Ser vulnerável e assumir suas imperfeições é um ótimo começo para se permitir ser *accountable*. No entanto, esse corajoso movimento nos remete a outra questão. Uma discussão frequente que acontece nos workshops sobre *Accountability* é referente à sensação de peso que ela pode trazer se interpretarmos esse protagonismo de nossas ações associado à culpa – em vez de responsabilização.

Como Brené costuma dizer, nós somos imperfeitos por natureza, pois somos seres humanos. Vamos sempre falhar, pois o nosso caminho é de aprendizado e não de acertos. O ponto é como tratamos essas falhas: no lugar da culpa, chicoteando-as, ou conversando com elas, para que possam nos ensinar a melhorar? O que elas têm a dizer sobre mim, sobre minhas imperfeições?

Enquanto a responsabilidade nos convida a assumirmos nossos 33% com o objetivo de buscar soluções, a culpa está relacionada ao sentimento de nos punirmos por algo que, em nossa crença, deveríamos ter feito de outra forma.

Um estudo da University of Manchester, intitulado *Brain scans support Freud: Guilt plays key role in depression* [Exames cerebrais apoiam Freud: a culpa desempenha um papel fundamental na depressão], defende uma forte relação entre o sentimento de culpa e a depressão. Segundo os autores, cientistas têm mostrado que o cérebro das pessoas com depressão responde de forma diferente ao sentimento de culpa, mesmo depois de os sintomas de depressão terem desaparecido. Em outras palavras, indivíduos com depressão podem se culpar de forma excessiva, apresentando comportamentos de procrastinação em detrimento de outros voltados à busca de soluções.[8]

A culpa nos paralisa e nos coloca em um lugar de sofrimento, punição e incapacidade de agir de forma diferente. É claro que, em algumas situações, o sentimento de culpa ocorrerá porque não somos capazes de mudar algo já ocorrido, e, por isso, o pensamento de "se eu tivesse feito diferente" pode nos perseguir e nos torturar durante um tempo. Mas isso não pode ser tão poderoso a ponto de nos impedir de pensar nos nossos 33% e em quais comportamentos gostaríamos de revisitar, para agir de uma forma diferente e mudar situações futuras.

Quando saímos desse lugar de autopunição e olhamos para nós mesmos com vulnerabilidade, autocompaixão e gentileza, abraçamos a oportunidade de

---

[8] GREEN, S. et al. Guilt-selective functional disconnection of anterior temporal and subgenual cortices in major depressive disorder. *Archives of General Psychiatry*, (in press), 2012.

compreender que somos responsáveis por nossos atos, mas que também somos humanos. Assim, abrimos nossas mentes para a oportunidade de evoluir para um lugar de reflexão e ação.

Certa vez, em um workshop, durante uma discussão sobre o tema, um coordenador comentou: "Mas como não se sentir culpado pelos erros que cometemos?". Acredito que esse seja um dos maiores desafios que temos para a nossa evolução pessoal. A culpa que carregamos sobre nós está diretamente relacionada à nossa autoexigência e à exigência do mundo à nossa volta. É difícil não se sentir culpado em uma época tão dura, na qual a falha está diretamente relacionada à incompetência. A evolução só será possível por meio do perdão e da autocompaixão.

Figura 1 – O pêndulo do comportamento

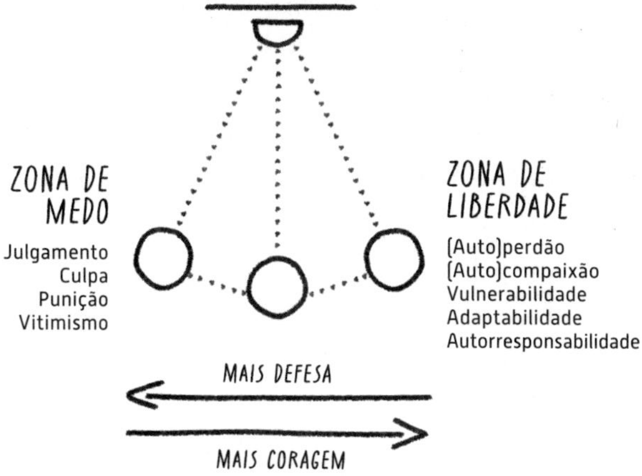

**ZONA DE MEDO**
Julgamento
Culpa
Punição
Vitimismo

**ZONA DE LIBERDADE**
(Auto)perdão
(Auto)compaixão
Vulnerabilidade
Adaptabilidade
Autorresponsabilidade

← MAIS DEFESA
→ MAIS CORAGEM

Fonte: Elaborado pela autora.

Portanto, a partir de hoje, convido você a exercitar a seguinte reflexão para lidar com suas falhas: assuma seus 33%. Buscar culpados ou justificativas não lhe isentará da sua parte. Não se coloque no lugar da culpa. Tenha autocompaixão, aprenda com a situação e busque novas formas de agir. Aos poucos, você verá que esse pequeno movimento será incorporado em sua rotina e lhe proporcionará mudanças muito positivas.

## VALE A PENA?

Até agora você deve ter descoberto que *Accountability* nasce da ética, da integridade, da humildade e da coragem para assumir seus 33%. É preciso ser vulnerável para se permitir ser parte do problema e diferenciar o lugar da culpa, substituindo-a pela responsabilização para buscar novas soluções. Ufa!

Diante de todo esse trabalho, você pode se perguntar: mas vale a pena ser *accountable*? Não posso simplesmente seguir o barco, tocar a minha vida, passar desapercebido diante dos problemas e continuar colocando a culpa nas outras pessoas?

Concordo que essa é uma possibilidade tentadora, mas, na minha opinião, a grande beleza da *Accountability* está na liberdade!

Como assim?

O neuropsiquiatra austríaco Viktor Frankl, que sobreviveu ao campo de concentração nazista, defende em sua obra *Em busca de sentido* que tudo pode ser tirado de uma pessoa exceto a liberdade de escolher sua atitude em qualquer circunstância da vida.[9] Recentemente, o autor Fred Kofman resgatou esse mesmo significado em seu livro *Liderança & propósito*, alegando que "a verdadeira liberdade é atributo básico da existência humana. Sempre está em seu poder responder como quiser às situações".[10]

Imagine só: você é tão protagonista de seus atos que consegue escolher como agir em todas as situações que enfrenta. Consegue tirar o poder que as adversidades têm sobre você e escolher sobre como reagir ao mundo. Isso, sim, é liberdade. Tornar-se dono de si.

Além disso, uma pessoa *accountable* ganha liberdade porque transmite confiabilidade. Sabe aquela situação na qual você se depara com um colega que nunca cumpre o que promete? O quanto você confia nessa pessoa? O quanto você pode contar com ela? Você vai pedir algo e esperar pelo dia da entrega ou vai ficar em cima, verificando a todo momento se ela vai cumprir com o combinado?

Pessoas *accountables* geram confiança, e confiança gera liberdade! Trabalhar com pessoas assim, que cumprem o que foi combinado, assumem seus comportamentos e erros, são íntegras, humildes e corajosas, não é tudo de bom? Não faz você dormir em paz

---

9  FRANKL, V. *Em busca de sentido: um psicólogo no campo de concentração*. Petrópolis: Vozes, 2008.
10 KOFMAN, F. *Liderança & propósito: o novo líder e o real significado de sucesso*. Rio de Janeiro: HarperCollins Brasil, 2020.

sabendo que pode contar com quem está ao seu lado? Agora imagine que você é esta pessoa. Incrível, não?

## NEM TUDO SÃO FLORES

Agora que você começou a gostar da ideia de se tornar uma pessoa totalmente protagonista, gostaria de lhe apresentar a verdade da forma mais sincera possível. Se isso é tão vantajoso, por que algumas pessoas ainda resistem em desenvolver sua *Accountability*?

Porque tem uma outra parte da *Accountability* que vem junto com a liberdade: a consequência. Quando nos tornamos mais *accountables*, nos tornamos mais responsáveis não só por nossos atos, mas também por suas consequências, parte que nem sempre estamos preparados para assumir. Isso é muito evidente no discurso de adolescentes. Meu filho mais velho, muitas vezes, pede por mais liberdade, pois "sabe o que quer". Eu respondo que tenho certeza disso, mas que gostaria de saber se ele sabe as consequências do que quer. Acredito que ele não aguente mais me ouvir dizer: "O dia em que você souber responder pelas consequências do que você quer, terá total liberdade para fazer suas próprias decisões".

Essa conversa me remete a outro ponto intrigante. Estamos vivendo um certo modismo de "liberdade de expressão a qualquer custo", isto é, as pessoas querem dizer o que pensam e fazer o que desejam sem se importarem com o impacto. Se isso fosse sinal de maturidade, poderíamos dar poder às crianças, pois tudo estaria certo. Afinal, quer mais sinceridade no falar e fazer do que a de uma criança?

Quantas vezes eu já não ouvi: "Mãe, não gostei da sua roupa" ou algo do tipo. A vida ensina que maturidade é um pacote completo de causa e consequência. Portanto, antes de prosseguir, pergunte-se: estou preparado para assumir integralmente as consequências dos meus atos?

CAPÍTULO 2

# As competências da *Accountability*

## CONCEITUANDO COMPETÊNCIAS

Para os céticos de plantão, esse tópico será importante para responder: "De onde ela tirou todo esse material?". Por isso, optei por apresentar brevemente o resultado do estudo de mestrado mencionado no início do livro. Caso essa parte não seja do seu paladar, fique à vontade para ir direto para os "Os três passos da *Accountability*".

Quero começar conceituando o termo "competências". Com origem no latim *competentia*, o significado dessa palavra está associado à ideia de concordância, conformidade e harmonia. Logo, o adjetivo "competente" traz a conotação de capacidade de agir adequadamente diante de uma situação. No cotidiano, ele tem sido utilizado para caracterizar alguém capaz de resolver um determinado assunto ou fazer algo específico.

Segundo o professor da Universidade de São Paulo Joel Souza Dutra, o conceito de "competências" foi proposto pela primeira vez de forma estruturada pelo psicólogo americano David McClelland, em 1973, com o objetivo de substituir os testes de inteligência no processo de seleção de candidatos, ganhando espaço posteriormente na avaliação e no desenvolvimento de pessoas. O significado de "competências" ganhou aspectos como motivação, habilidade, capacidade, entre outros, que compuseram as mais diversas definições.[11]

Dutra alega que diversos autores definem "competência" de maneira relativamente similar, como um "conjunto de conhecimentos, habilidades e atitudes necessário para que a pessoa desenvolva suas aptidões e responsabilidades",[12] e menciona que, no final dos anos 1990, autores como Le Boterf e Zarifian introduziram o conceito de "competências" associado à ideia de agregação de valor e entrega.

O professor Bruno Rocha Fernandes conta, em *Gestão estratégica de pessoas: com foco em competências*,[13] que o tema ganhou destaque em 1990, com a publicação do artigo *The core competence of the corporation* [A competência central da corporação], escrito pelos professores C. K. Prahalad e Gary Hamel.[14] Para Dutra, a ótica da agregação de valor torna-se fundamental para explicar as organizações atuais, uma vez

---

11 DUTRA, J. S. *Competências: conceitos e instrumentos para a gestão de pessoas na empresa moderna*. São Paulo: Atlas, 2014.
12 Idem.
13 FERNANDES, B. R. *Gestão estratégica de pessoas: com foco em competências*. Rio de Janeiro: Elsevier, 2013.
14 PRAHALAD, C. K.; HAMEL, G. The core competence of the corporation. *Harvard Business Review*, maio-jun. 1980. Disponível em: https://hbr.org/1990/05/the-core-competence-of-the-corporation. Acesso em: 28 out. 2023.

que associa a questão das competências às pessoas, e não mais ao cargo que ocupam.

Apesar de compreensões complementares, existe uma diferença importante no entendimento do conceito de competências entre as origens francesa e norte-americana. Enquanto para os franceses as competências estão diretamente relacionadas à qualificação para determinada atividade, para os norte-americanos as competências possuem uma relação intrínseca com comportamentos próprios. É importante destacar essa sutil divergência entre as linhas, uma vez que o conceito adotado neste livro está fortemente ancorado na crença de que as competências da *Accountability* estão diretamente ligadas a fatores individuais e independem do meio para sua aplicabilidade efetiva.

## AS 23 COMPETÊNCIAS ORIGINAIS

O principal objetivo do estudo foi justamente identificar as competências da *Accountability* considerando autores que estudam e escrevem sobre o tema. Infelizmente, ainda estamos iniciando a disseminação do conceito no Brasil. Logo, a grande maioria das obras consultadas estava no idioma inglês, exigindo uma leitura mais cuidadosa para garantir a fidedignidade das informações.

Nos materiais analisados, eu constatei que diversos autores adotam o significado de *Accountability* como uma **competência pessoal**. Cada um defende o seu arcabouço de entendimentos, trazendo óticas diferentes, mas complementares sobre o tema. O quadro a seguir contempla as principais defesas para a composição das competências da *Accountability*.

Quadro 1 – Competências da *Accountability* organizadas conforme autores selecionados

| AUTOR | COMPETÊNCIAS |
|---|---|
| SASSCER E MCNEILL[15] | Ter resiliência |
| | Ter clareza de objetivos |
| | Fazer esforço extra |
| | Ter desejo por resultado |
| | Respeitar diferentes pontos de vista |
| | Ter curiosidade |
| | Ser capaz de se "olhar no espelho" |
| | Assumir escolhas e atitudes |
| | Agir de forma preventiva |
| | Inspirar os outros |
| | Reconhecer os próprios sentimentos |
| | Ter coragem |
| | Autossuperação |

(continua)

---

15 SASSCER, M.; MCNEILL, M. *Accountability now – Living the ten principles of personal leadership*. Bloomington: iUniverse, 2010.

(continuação)

| AUTOR | COMPETÊNCIAS |
|---|---|
| EVANS[16] | Pedir feedback |
| | Cumprir com o que promete |
| | Não temer estresse |
| | Possuir clara expectativa do que se espera da pessoa |
| | Ser responsável pelas mudanças que ocorrem com ela mesma |
| | Influenciar a cultura organizacional (independentemente da posição que ocupa) |
| | Ter autogestão |
| | Ter comunicação eficiente (rápida, poderosa e completa) |
| | Ter comprometimento |
| | Ser específico (dizer o que vai fazer e em que data e hora será entregue) |
| | Buscar soluções |
| | Focar no futuro (e não em culpados ou justificativas) |
| | Saber priorizar |
| | Posicionar-se como dono da situação |
| CORDEIRO[17] | Ter proatividade |
| | Ter responsabilidade |
| | Ter humildade |
| PICKETT[18] | Ter maturidade |
| | Ter automotivação |
| | Ter comprometimento |
| | Ter boa vontade |

(continua)

---

16 EVANS, H. J. *Winning with Accountability – The secret language of high-performing organizations*. Dallas: CornerStone Leadership Institute, 2008.
17 CORDEIRO, J. *Accountability – A evolução da responsabilidade pessoal*. São Paulo: Évora, 2013.
18 PICKETT, R. B. Managing the Accountability of your staff. *Physician Executive*, v. 40, n. 4, p. 20-22, July 2014.

*(continuação)*

| AUTOR | COMPETÊNCIAS |
|---|---|
| BARR[19] | Cumprir objetivos e atribuições independentemente das barreiras encontradas |
| | Ter capacidade de rápida retomada diante de erros |
| KELLO[20] | Honrar os próprios compromissos consigo mesmo e com os outros, reconhecendo e corrigindo os erros |
| | Responsabilizar-se pelas questões, buscando constantemente soluções e não culpados |

Fonte: Elaborado pela autora.

A partir da análise de cada material, identifiquei o significado que cada autor explorou e cheguei a 23 competências e comportamentos. Quando comparadas, as suas características permitem classificá-las em quatro diferentes categorias. As três primeiras englobam competências divididas em: habilidades intrapessoais, habilidades interpessoais e habilidades de gestão; já a última categoria trata de atitudes mais relacionadas a valores e crenças, e não a habilidades em desenvolvimento. Com isso, eu reorganizei as competências e os comportamentos, classificando-os conforme o quadro a seguir.

---

19 BARR, R. Personal Accountability Key to Professional Success. *North Western Financial Review*, v. 192, n. 23, p. 6, Dec. 2007.
20 KELLO, J. Six steps to positive Accountability. *Industrial Safety & Hygiene News*, v. 44, n. 10, p. 26-29, Oct. 2010.

Quadro 2 – Competências da *Accountability* organizadas por similaridade de significado e natureza

| CATEGORIA | GRUPO DE COMPETÊNCIAS DA *ACCOUNTABILITY* |
|---|---|
| HABILIDADES INTRAPESSOAIS | Autoconhecimento |
| | Autodesenvolvimento |
| | Autocontrole |
| | Clareza de objetivos |
| | Resiliência |
| | Proatividade |
| | Autossuperação |
| HABILIDADES INTERPESSOAIS | Liderança |
| | Escuta ativa |
| | Clareza de expectativa |
| | Capacidade de questionamento |
| | Comunicação |
| | Relacionamento interpessoal |
| HABILIDADES DE GESTÃO | Planejamento e organização |
| | Autogestão |
| | Foco em solução |
| | Foco em resultados |
| | Antecipação de problemas |
| COMPORTAMENTO PURO | Responsabilização |
| | Comprometimento |
| | Motivação |
| | Esforço extra |
| | Coragem |

Fonte: Elaborado pela autora.

No entanto, se o nosso objetivo é construir um material para desenvolvimento da *Accountability*, trabalhar 23 competências e comportamentos não contribui com essa estratégia de forma assertiva. Por isso, em uma revisão final, identifiquei as competências que mais interferiam em uma postura *accountable*, de acordo com o seu impacto no desempenho individual.

## OS TRÊS PASSOS DA *ACCOUNTABILITY*

Considerando a análise das 23 competências e as categorias estabelecidas, a próxima etapa foi compreendê-las sob a perspectiva de uma jornada de desenvolvimento. Diante disso, converti as categorias em três passos e aloquei as respectivas competências em cada etapa.

O primeiro passo está relacionado às habilidades intrapessoais e compreende a capacidade de "Autoconhecimento", que constitui **reconhecer, assumir e gerenciar os seus próprios comportamentos e atitudes, além da capacidade de identificar os seus próprios objetivos pessoais ou propósito.** Conhecer a si mesmo, ter consciência de quem você é e por que age de determinada forma é essencial para promover ajustes e mudanças verdadeiras em você mesmo.

Certa vez, eu me propus a ajudar minha mãe a escolher uma roupa para uma festa chique. Ela estava ansiosa há meses, em dúvida sobre o que deveria vestir para se apresentar de forma adequada às expectativas do aniversariante e de seus convidados. Como tenho uma amiga que trabalha com isso, pedi indicação a ela, pesquisei na internet, e, com quinze dias de antecedência da festa, lá fomos nós até o shopping procurar um traje que a fizesse se sentir bem.

Como eu estava mais perto, cheguei mais cedo e fiz uma seleção prévia. Minha mãe chegou cerca de quarenta minutos depois e, já na primeira loja, disse que aquela opção não era o que ela procurava. Repetiu essa mesma frase seguidas vezes. Em determinado momento, eu comecei a me perguntar por que ela havia me pedido ajuda, se tudo o que eu mostrava ela criticava. Confesso: fiquei frustrada e sem saber o que fazer. Parei de insistir, fiquei quieta e só disse: "Ok, o que você quer fazer então?". Passei a segui-la pelo shopping para que ela decidisse o trajeto das lojas e as escolhas de sua preferência. Eu me senti inútil e boba de ter perdido tempo, só andando atrás dela, em plena quarta-feira à noite, com tanta coisa me esperando em casa. Quantas acusações mentais eu não criei naquele momento...

Quando cheguei em casa, meu marido perguntou: "Como foi?". Respondi que eu não precisava ter perdido meu tempo, porque tive a sensação de que só atrapalhei e gastei energia à toa. Refletindo depois, comecei a refazer a história na minha cabeça e, apesar da minha frustração e até de uma certa irritação ainda presentes, eu me dei conta de que, de repente, a ajuda que ela queria era somente a minha presença. Quem sabe eu fui mais a causadora daquela situação desagradável do que eu imaginava?!

É desafiador olhar para dentro, fazer essa autoanálise e permitir identificar, com sinceridade, como impactamos a situação. Já mencionamos o quanto isso é desconfortável, incomoda e, geralmente, nos leva à tentativa de justificar, já que a intenção era boa e justa. Mas lembre-se de que a verdadeira *Accountability* começa com a sua forma de lidar com as diversas circunstâncias para promover a mudança, ou seja, não adianta evitar esse diálogo interno se queremos novos caminhos e novas soluções para nossas vidas. Promover o autoconhecimento é um passo fundamental. O que eu pude perceber ao longo desses anos trabalhando com o tema é que, apesar de ser imprescindível, é um dos maiores desafios para o desenvolvimento da *Accountability*.

Além disso, por mais que estejamos conscientes de nossas ações, só esse passo não garante necessariamente novos resultados para seguirmos adiante. O que nos leva à necessidade de explorar o segundo passo, que intitulei "Impacto", pois considera a **capacidade de identificar e gerenciar o impacto e as consequências das nossas atitudes diante das situações**.

Não adianta achar que o contexto no qual estamos inseridos funciona sem a nossa influência, pois os nossos comportamentos são parte de uma rede interligada de ações e reações constantes. Imagine você achar que, em seu relacionamento conjugal, a "culpa" pelos problemas está apenas na forma como seu cônjuge se comporta (confesso que por anos fiz isso com o coitado do meu marido). Relacionamentos são resultados das interações constantes entre pessoas, sendo que cada uma tem a sua parcela de responsabilidade. Lembra dos meus 33%?

Pois bem, então pense no que você faz para interferir na situação incômoda. Pense o que aconteceria se você, não a outra pessoa, agisse de forma diferente. Enquanto não olharmos para o nosso impacto na situação, não conseguiremos entender como ela pode ser alterada, pois já sabemos que não temos o poder de mudar as pessoas, apenas influenciá-las por meio dos nossos comportamentos.

Voltando ao exemplo de minha mãe, se eu tivesse percebido que o meu comportamento estava deixando minha mãe frustrada, quem sabe não teríamos terminado aquela noite jantando em algum lugar agradável e dando risada de minhas atitudes descompassadas? Esses dois passos são tão poderosos que podem mudar consideravelmente a vida das pessoas.

Nessas horas, penso que promover o verdadeiro protagonismo pode ser realmente gratificante e libertador. Se tivermos consciência de nossas necessidades e de nossos impactos, lidamos de forma mais assertiva para supri-las e deixamos de depositar nas outras pessoas nossas próprias expectativas, que nada mais são do que necessidades individuais não atendidas. Acredite: rever só esses dois passos já seria por si só transformador.

Mas nós podemos avançar e pensar em novas formas de agir para gerar soluções para o que nos incomoda. Podemos fazer as coisas de forma diferente para ter novos resultados. Por isso, o terceiro passo, relacionado às habilidades de gestão, foi denominado "Ação", pois considera a **promoção das soluções necessárias a partir da mudança das próprias atitudes**. Nada melhor do que conseguir garantir os melhores resultados a partir das nossas necessidades e consequentes formas de promover soluções para elas.

Figura 2 – Três passos para a *Accountability* completa

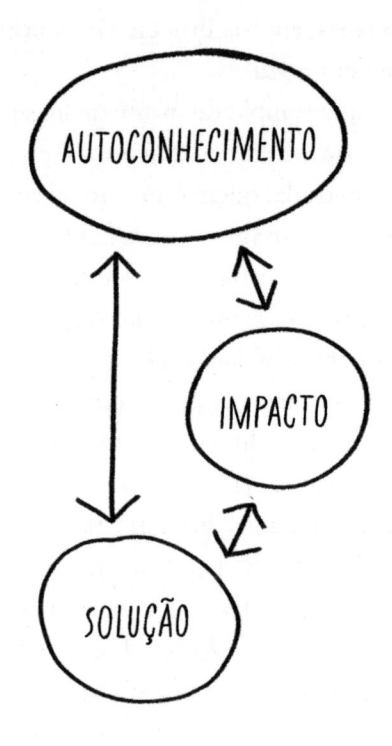

```
        AUTOCONHECIMENTO
           ↑    ↕
           |    
           |    IMPACTO
           ↓      ↕
         SOLUÇÃO
```

Fonte: Elaborado pela autora.

Agora que identificamos os três passos da *Accountability*, podemos explorar as competências a serem desenvolvidas em cada um dos passos.

## AS DOZE COMPETÊNCIAS MAIS IMPORTANTES

A partir da análise do material coletado, da organização das competências e da classificação dos conceitos entre valores, competências e comportamentos, identifiquei quais eram as doze competências mais impactantes no resultado individual.

Portanto, este tópico foi estruturado para que você possa conhecer cada competência da *Accountability* em profundidade, além de como elas ocorrem na prática. Por uma questão de confidencialidade, alguns nomes mencionados nos *cases* foram alterados, mas o conteúdo de cada exemplo se mantém intacto.

### Primeiro passo – Autoconhecimento: reconhecer e assumir comportamentos e atitudes

*"De todos os conhecimentos possíveis, o mais sábio e útil é o conhecer a si mesmo."*
*(atribuída a William Shakespeare)*

Figura 3 – Primeiro passo: Autoconhecimento

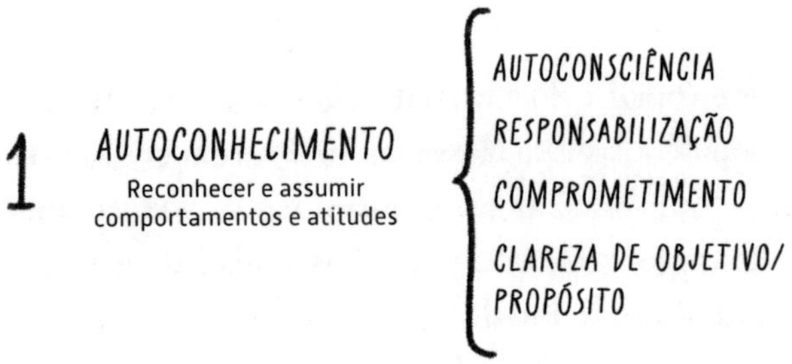

**1** **AUTOCONHECIMENTO**
Reconhecer e assumir
comportamentos e atitudes
{
AUTOCONSCIÊNCIA
RESPONSABILIZAÇÃO
COMPROMETIMENTO
CLAREZA DE OBJETIVO/
PROPÓSITO
}

Fonte: Elaborado pela autora.

## AUTOCONSCIÊNCIA

A primeira competência para o desenvolvimento da *Accountability* não poderia ser outra. Segundo o psicólogo cognitivo e educacional Howard Gardner, autoconsciência é a inclinação para se conhecer e usar o entendimento de si mesmo para alcançar certos fins.[21] O psicólogo Daniel Goleman a define, no livro *Liderança*, como

> autoconsciência no sentido de permanente atenção ao que estamos sentindo internamente. Nessa consciência autorreflexiva, a mente observa

---

21 GARDNER, H. *Inteligências múltiplas: a teoria na prática*. Porto Alegre: Penso, 1995.

e investiga o que está sendo vivenciado, incluindo as emoções.[22]

Uma pessoa autoconsciente é capaz de reconhecer, de forma clara e verdadeira, valores, crenças, medos, gatilhos, comportamentos, enfim, todo o arcabouço interno que lhe possibilita enxergar e assumir sua forma de agir da forma mais profunda e completa. Por isso, essa competência é a mais desafiadora. Estamos em constante evolução, e a grande maioria de nós ainda possui um baixo nível de autoconsciência. Estudo realizado pela psicóloga organizacional Tasha Eurich, em um programa de pesquisa de quase cinco anos sobre o assunto, descobriu que, "embora 95% das pessoas pensem que são autoconscientes, apenas 10 a 15% realmente são".[23]

Certa vez, em uma aula, após a discussão sobre *Accountability* conectada à inteligência emocional, uma aluna disse: "Nossa, professora, eu brigo com o meu marido todas as noites porque ele se esquece de trazer o meu cigarro, mas acabei de me dar conta que, se essa necessidade é minha, eu que deveria cuidar dela e não colocar a responsabilidade no meu marido, né?".

Quantas vezes não depositamos nossas expectativas nos outros para que eles supram as nossas necessidades?

---

22 GOLEMAN, D. *Liderança – A inteligência emocional na formação dos líderes de sucesso*. Rio de Janeiro: Objetiva, 2014.
23 EURICH, T. Working with people who aren't self-aware. *Harvard Business Review*, 19 out. 2018. Disponível em: https://hbr.org/2018/10/working-with--people-who-arent-self-aware?utm_medium=social&utm_campaign=hbr&utm_source=linkedin. Acesso em: 29 nov. 2023.

Quantas vezes brigamos com alguém porque não fez isso ou aquilo? Será que neste momento estamos tendo maturidade suficiente de assumir o que é nosso? Nossas necessidades, nossas expectativas...

A autoconsciência exige um exercício constante. Sem nos conhecermos com profundidade, aumentamos a probabilidade de acreditar que somos vítimas dos eventos e nunca parte deles.

## O que é Autoconsciência na prática

Em 2020, eu fui desafiada a realizar um processo de mentoria de um rapaz extremamente inteligente, mas relativamente novo para a posição em que se encontrava. A demanda inicial era refletir se um mestrado, naquele momento, o ajudaria a desenvolver suas habilidades como líder na arena política.

Após algumas tentativas de contato, marcamos a primeira sessão, e o Danilo (nome fictício) se mostrou bastante desconfortável e reticente. Ao me apresentar, eu contei sobre a minha trajetória profissional, bem como o meu objetivo como mentora. Disse que estava lá para ajudá-lo em seu desenvolvimento profissional. Após algumas tentativas de escolhas certas das palavras, Danilo se viu na obrigação de confessar que não sabia ao certo o que estava fazendo ali. Exprimiu seu desconforto pela falta de apoio da sua diretora ao mencionar a vontade de fazer um mestrado em sua área.

Após algumas perguntas, ele demonstrou não ter ideia do motivo daquela sessão de mentoria. Tentei, novamente, demonstrar empatia e me colocar como parceira dele naquele processo. Disse que teríamos de descobrir juntos como ajudá-lo em seu crescimento profissional. Encerramos a primeira sessão com Danilo com os dois pés atrás.

Como ele era muito inteligente (realmente acima da média) e atuava na área financeira, optei por realizar algumas atividades mais estruturadas, como o Canvas Pessoal, para que pudesse exercitar algumas reflexões sobre si mesmo. As sessões começaram a caminhar, com Danilo já mais confortável, pois havíamos conquistado um espaço de confiança inicial. Em determinado momento da apresentação de seu Canvas Pessoal, ele mencionou que um dos seus desafios era conseguir demonstrar credibilidade em seu papel, uma vez que atuava em uma área sensível da organização. Perguntei: "Como você acredita que é possível desenvolver credibilidade?".

"Entendo que preciso sempre ser transparente, o máximo possível, nas informações que apresento para a diretoria", ele respondeu. Perguntei, então, o que poderia dificultar isso. Danilo parou por um instante, refletiu e respondeu: "Quando tento mostrar que estou certo". Com essa resposta, mergulhamos em seu medo de se mostrar vulnerável diante da alta liderança da empresa, além do quanto aquilo poderia, na verdade, prejudicar sua imagem em vez de gerar credibilidade.

Danilo tirou os óculos e enxugou as lágrimas. Revelou que ele precisou a vida toda se mostrar capaz. Veio de uma família muito pobre e foi o único filho a fazer faculdade. Além disso, sentia-se responsável por garantir o futuro da família, o que o colocava em um lugar de necessidade constante de sucesso e autoaprovação. Percebeu, assim, que estava criando uma armadilha para si mesmo ao se posicionar como "certo" e "perfeito" nas informações. Notou, também, como reagia muito mal quando não tinha certeza de algo, rebatendo ao máximo para manter a sua posição inicial.

Após essa incrível conclusão, Danilo começou a se abrir para o processo. Entendeu o porquê de sua diretora não ter apoiado sua decisão sobre o mestrado. Mais uma formação só o colocaria com mais força e convicção no lugar de "certezas", podendo prejudicá-lo enormemente no futuro. Ele já era brilhante, sem necessidade desse reforço técnico. Precisava apenas ocupar o seu lugar com mais vulnerabilidade para gerar segurança em sua posição. E foi isso que ele fez.

Nas sessões seguintes, Danilo mergulhou ainda mais fundo em suas questões. Mandava mensagens demonstrando comprometimento com o processo e apresentava reflexões incríveis e corajosas. Ao final, concluímos que ele havia finalmente se permitido ser um humano imperfeito. E, segundo ele, isso tirou vinte quilos de suas costas.

## O que não é Autoconsciência na prática

Conforme mencionei anteriormente, a falta de autoconsciência é muito mais comum do que imaginamos. Isso significa que muito provavelmente eu e você não temos um bom nível de autopercepção profunda.

Certa vez, eu realizei um processo de *coaching* que foi o mais desafiador de minha vida. A pessoa era uma gerente bastante experiente e possuía fortes crenças a respeito do que era o correto em sua forma de liderar. Única filha mulher de um pai militar, passou a infância sendo "colocada na linha". Apanhava quando fazia algo errado e ouvia que não devia rir alto, pois isso era coisa de "mulher fácil". Quando Joana (nome fictício) começou o processo de *coaching*, sua crença de que liderar era colocar as pessoas na linha tinha um peso tão grande que parecia que qualquer pergunta ou questionamento sobre uma ordem sua soava como ofensa. Apesar de querer evoluir, Joana não conseguia se desapegar da sua forma de pensar. Ela estava errada? De jeito nenhum. Ela estava presa; posições muito diferentes quando pensamos em autoconsciência.

A questão é que as pessoas são quem elas conseguem ser e não quem nós gostaríamos que elas fossem. Exigir de uma pessoa que ela encare a sua própria história de uma forma diferente, em alguns casos, significa mexer na identidade de alguém, e isso é muito invasivo. Portanto, o exercício da ampliação da consciência precisa ser um convite verdadeiro e corajoso.

## RESPONSABILIZAÇÃO

Dentro do Autoconhecimento, a segunda competência, e uma das mais importantes, a ser desenvolvida é a Responsabilização. Essa palavra seria, literalmente, a melhor forma de traduzir *Accountability* para o português. No entanto, como já dito anteriormente, trata-se apenas de uma das características de uma pessoa *accountable*.

A responsabilidade é diferente da responsabilização. Quando pensamos em responsabilidade, pensamos no cumprimento de nossas obrigações. Já a responsabilização é a ação de se tornar responsável por algo, ou seja, nossa capacidade de assumir nosso papel de forma proativa. Enquanto a responsabilidade é de fora para dentro, a responsabilização é de dentro para fora.

É mais uma competência fundamental. Trata-se daquele momento em que você para de buscar justificativas ou culpados e passa a olhar para a sua própria responsabilidade, assumindo os seus próprios comportamentos, atitudes e consequências em uma determinada situação.

### O que é Responsabilização na prática

Em uma determinada ocasião, minha antiga sócia ministrou um treinamento inteiro com a versão errada do material. O cliente colocou na pasta compartilhada dois documentos: o antigo e o atualizado. Ela não percebeu. Ao longo do treinamento, os participantes perguntaram se determinada informação ainda era válida. Ela tentava explicar, mas não entendia muito por que aquele material estava com o dado errado, até se dar conta do erro e perceber o que havia acontecido. Saiu do treinamento e me telefonou do carro chorando, se sentindo muito mal pelo que havia ocorrido. Como uma pessoa *accountable*, ela se organizou emocionalmente e, no dia seguinte, apresentou duas soluções para o cliente: dar um novo treinamento, sem custo, ou não cobrar por aquele já ministrado. Obviamente, ela teria a oportunidade de se culpar ou culpar o cliente pelo problema, mas a pergunta é: isso traria alguma solução ou geraria uma reunião de uma hora com justificativas e acusações? O fato de o cliente também estar errado não necessariamente a isentaria de sua falha. Por isso, sair da zona de culpa e entrar na zona da responsabilização acelera muito as oportunidades de solução. Tanto é verdade que o cliente agradeceu a maturidade dela e logo solicitou novas demandas.

## O que não é Responsabilização na prática

Certa vez, eu levei um par de botas para arrumar o salto no sapateiro. Na semana seguinte, quando fui à loja buscar o calçado, aparentemente tudo estava correto. Porém, ao vestir a bota pela primeira vez, percebi algo estranho. Uma bota era tamanho 36, e outra, 40!

Comecei a rir e percebi que a moça da loja, provavelmente, trocou um dos pés com o de outra cliente, já que se tratava de um produto de uma loja bastante conhecida. No final de semana, retornei à loja para falar com a balconista: "Olá, tudo bem? Acho que houve um engano com a minha bota. Vocês me devolveram um pé de cada tamanho".

A balconista prontamente respondeu: "Mas não fui eu que atendi a senhora". Respirei fundo e logo lembrei da escada da *Accountability*. "Ela definitivamente está no degrau de se isentar", pensei. Voltei o olhar para ela e apenas perguntei se ela poderia me ajudar a resolver a situação.

O que eu quero mostrar com esse pequeno exemplo é que uma pessoa *accountable* busca assumir suas responsabilidades independentemente do que a outra pessoa fez ou deixou de fazer. É o famoso senso de dono que impulsiona e engaja a pessoa a trazer para si o problema e a busca de soluções. Nesse caso, o papel dela era somente me atender e tentar compreender o que houve, certo? Mas, quando a pessoa não se sente responsável, ela simplesmente não consegue assumir a sua parte.

A responsabilização não significa assumir o que não é seu, mas assumir, justamente, o que é e direcionar o que não é. Infelizmente, o que vemos no dia a dia são diversas histórias como essa, de pessoas que preferem "se livrar" da responsabilidade em vez de assumir o seu papel. O que essas pessoas não percebem é que, ao agirem na direção contrária da responsabilização, a chance de causar um efeito rebote é muito maior, pois a falta de confiança que elas geram com essa postura faz com que as outras pessoas as cobrem ainda mais.

## COMPROMETIMENTO

Você, com certeza, já deve saber o que significa comprometimento. Para *Accountability*, seu conceito está associado ao cumprimento de compromissos e responsabilidades assumidos, mantendo o empenho na entrega do que foi combinado. Essa competência torna-se fundamental para uma postura *accountable* por manter a conexão com a integridade, uma vez que permite que você cumpra com a sua palavra.

A autora Carolyn Taylor, em sua obra *Accountability no trabalho*, traz um grande foco nessa competência: "Será melhor para a sua reputação no longo prazo dizer 'não' do que dizer 'sim' e não cumprir com o prometido".[24] Além disso, o comprometimento tem conexão direta com o propósito, como veremos a seguir. Se você tem os seus objetivos e motivadores claros, comprometer-se e engajar-se nisso parece algo natural.

Pense em uma situação da sua vida, algo que você queria muito, como comprar um carro ou fazer uma viagem. Ninguém precisou cobrar o seu compromisso com a situação. Quando queremos alcançar

---

[24] TAYLOR, C. *Accountability no trabalho: como comprometer-se, cumprir o prometido e conseguir que outros façam o mesmo.* São Paulo: Labrador, 2021.

algo, canalizamos energia e nos comprometemos para que aconteça. E o contrário também é verdadeiro: utilizamos de mecanismos de defesa para justificar, ou para nós mesmos ou para os outros, por que não conseguimos fazer aquilo.

Enquanto a responsabilização é o movimento de assumir a responsabilidade por seus atos, o comprometimento é o passo seguinte, que nos mantém conectados com nossos compromissos e com o que queremos alcançar.

## O que é Comprometimento na prática

É fácil identificar uma pessoa que assume os seus compromissos; ela, simplesmente, não dá desculpas e cumpre o que foi combinado. Certa vez, durante uma conversa com uma cliente, eu solicitei um material para elaborar a proposta do projeto. Achei incrível como ela me respondeu. Nada de "te envio mais tarde", como costumamos ouvir. Ela simplesmente disse: "Vou enviar o material amanhã até as 12h, pois não posso me comprometer em enviá-lo hoje, já que estarei em reunião hoje à tarde. Você está de acordo? Isso interfere no prazo que combinamos para o envio da proposta?".

Confesso que fiquei alguns segundos extasiada com aquela postura. Que maturidade! Que assertividade! E é claro que, como uma pessoa comprometida, ela me enviou dentro do prazo combinado. Não seria diferente se ela tivesse negociado a situação de outra forma. Uma pessoa *accountable* não é alguém que simplesmente fala que vai fazer; ela assume quando e como fará a entrega. Note: isso não significa necessariamente ceder ao pedido do interlocutor, já que concordar e não cumprir o combinado exigiria buscar justificativas.

## O que não é Comprometimento na prática

Assim como é fácil identificar uma pessoa comprometida, é tão fácil quanto perceber alguém descomprometido. A pessoa não tem vontade de nada, a energia está sempre lá embaixo, e as desculpas e justificativas brotam sem esforço.

Certa vez, eu contratei uma babá para me ajudar em casa com as crianças. Ela era uma moça bem-educada e cuidadosa com os meninos, elementos essenciais para essa função. No momento da contratação, combinamos que ela faria o horário das 10h às 19h, uma vez que eles estudavam à tarde e eu precisava que ela chegasse para fazer o almoço e saísse depois que eu chegasse em casa do trabalho. Como ela pegava carona com o namorado, chegava às 9h da manhã. Em um determinado momento, ela me perguntou se eu não iria pagar as horas extras. Esclareci que essa era uma decisão dela e que, por isso, não faria sentido pagar um adicional por algo fora do combinado.

Em um segundo episódio, pedi à babá para trabalhar em um sábado em que o meu marido viajaria e eu tinha aula do mestrado. Ela colocou uma condição:

receber o preço de uma diarista. Expliquei que, por ela ser registrada, o cálculo seria outro e, mesmo depois de alguns esclarecimentos, desisti de discutir a situação e optei por pedir ajuda à minha prima.

Em um terceiro episódio, eu a dispensei de ir trabalhar por uma semana, pois eu viajaria com as crianças de férias. Combinei que veríamos como compensar isso depois. Ela respondeu que havia consultado a advogada dela e que tinha o direito de escolher quando sair de férias. Expliquei que, por ela não ter um ano de registro, não se tratava de férias, mas sim de uma ausência de uma semana, já que não estaríamos em casa.

No quarto e último episódio, o ano virou e ela me perguntou se eu aplicaria a porcentagem de aumento do salário mínimo. Expliquei que o caso dela era diferente, que usaríamos o dissídio da categoria. Nesse momento, eu percebi que ela estava gravando a nossa conversa. Fiquei enfurecida e pedi para ela sair da minha casa. Será que você está se perguntando o que isso tem a ver com comprometimento?

O que eu quis demonstrar é que comprometimento não está só relacionado ao engajamento, mas ao compromisso dos deveres antes dos direitos. Em um podcast do filósofo Leandro Karnal, eu me deparei com a reflexão do autor sobre a nossa cultura de buscar sempre nossos direitos antes dos nossos deveres.[25] Uma

---

25 LEANDRO KARNAL: Aprenda a fazer o que tem que ser feito | Palestrascast #31. [Locução de]: Leandro Karnal. [S.l.]: Mundo Rico, 1 dez. 2023. Podcast. Disponível em: https://open.spotify.com/episode/1Ax7v3KQ0JcIIru4AM7uSD?si=-8c4a7a8079a049de&nd=1&dlsi=75d76872fdfb4128. Acesso em: 5 ago. 2024.

pessoa *accountable* compreende que esses dois elementos andam juntos e que reivindicar direitos passa antes por cumprir com os deveres.

Já comentei que um dos autores estudados defende *Accountability* como maturidade, e, na minha humilde opinião, maturidade passa por esse lugar de assumir os seus deveres antes de reclamar os seus direitos.

## CLAREZA DE PROPÓSITO OU OBJETIVO

O propósito ganhou força nos últimos anos, tanto que foi tema de congressos importantes na área de gestão de pessoas e liderança. Mas, afinal, o que é propósito?

Quando um assunto ganha espaço de destaque, existe uma tendência ao seu engrandecimento. No entanto, o propósito está muito mais associado à clareza de seus motivadores do que a atos heroicos. Ele não precisa ser extremamente impactante, mas, para contribuir com uma postura *accountable*, é necessário identificar o motivo de se fazer algo.

Segundo o filósofo e educador Mario Sergio Cortella, a palavra "propósito" carrega em latim o significado de "aquilo que eu coloco adiante".[26] O propósito tem uma conexão forte com o "por que eu faço o que faço" e "para quê ou quem". A resposta a essas

---

26 CORTELLA, M. S. *Por que fazemos o que fazemos: aflições vitais sobre trabalho, carreira e realizações*. São Paulo: Planeta, 2016.

simples perguntas é o que, individualmente, preenche o motivo pelo qual você levanta da cama todos os dias.

O ponto é que, no meu estudo, eu não consegui identificar o que nasce antes: uma pessoa com *Accountability* consegue ter uma boa clareza de seu propósito ou uma pessoa que possui clareza de seu propósito consegue ser mais *accountable*? De uma forma ou de outra, seja qual for a resposta, o que percebi é que a clareza de propósito está totalmente relacionada a uma boa *Accountability*.

A clareza de objetivo também contribui para uma postura *accountable*, mas de forma mais momentânea. Enquanto o propósito é a base da nossa jornada, o objetivo nos ajuda a concretizar e identificar nosso progresso. No entanto, muitas pessoas ainda confundem propósito com objetivo. Uma dica para saber se o que você tem em mente é um propósito ou um objetivo é responder à seguinte pergunta: "Você alcança ou não?". Se você consegue alcançar, é objetivo; se dá sentido para o que você faz, é propósito.

Sendo objetivo ou propósito, a questão é que, quando sabemos o que queremos, nos agarramos à causa e direcionamos esforços para "fazer acontecer". A diferença é que o propósito movimenta a alma, e o objetivo nos gera energia de ação. Ambos podem ajudar na *Accountability*, um com mais impacto do que o outro. Como diz uma frase atribuída ao grande filósofo romano Sêneca: "Nenhum vento sopra a favor de quem não sabe para onde ir". Saber para onde queremos ir, por que queremos ir, bem como aonde queremos chegar nos coloca naturalmente como autores da nossa caminhada. "Eu me vejo fora quando tenho minha obra feita. Então me realizo. Sou o que eu faço", conclui Cortella.[27]

## O que é Clareza de propósito na prática

Certa vez, eu estava ajudando uma grande amiga a compreender se o que ela entendia como hobby era uma oportunidade de carreira ou apenas uma paixão. Ela sempre gostou muito de atuar com moda e apresentava realmente um dom para isso. Fez diversos cursos renomados na área e queria muito se aproximar desse tema. Em uma de nossas conversas, perguntei: "Por que você gostaria de ser uma consultora de estilo?". Ela me respondeu: "Porque eu quero ajudar as pessoas a se orgulharem do que elas veem no espelho todos os dias".

O propósito não é algo que você alcança, mas algo que dá significado aos seus comportamentos e ao que você faz para impactar as pessoas. No entanto, é comum em nossos workshops os participantes relatarem que não sabem qual é o seu propósito, adotando uma postura descomprometida com a situação. Antes de você se preocupar por não ter um propósito claro, sugiro que comece buscando um objetivo. Aonde quero chegar? Qual é a minha meta pessoal? Já é um ótimo começo para você poder chamar de seu, não?

---

27 Idem.

## O que não é Clareza de propósito na prática

Conforme mencionei anteriormente, é mais fácil encontrarmos pessoas que não conhecem o seu propósito ou não possuem um objetivo do que o contrário. Certa vez, atendi uma cliente de *coaching* que precisava, por solicitação do diretor, trabalhar a sua visão estratégica. Na opinião do líder, ela tinha uma liderança muito "maternalista", que desfocava da visão de negócio no momento de discutir a estratégia e os resultados da sua área. Como ela se sentia bastante intimidada nas apresentações da diretoria, concordou prontamente com esse ponto de seu desenvolvimento.

As sessões se iniciaram, e, visivelmente, ela se sentia desmotivada pela proposta de ter que desenvolver uma visão estratégica para se manter como alguém capaz de dar resultado. Para ela, as pessoas eram as responsáveis pelos resultados, e isso por si só deveria representar o seu valor. Quando começamos a explorar mais essa falta de motivação em se desenvolver, a cliente começou a se dar conta de que, na verdade, sua motivação não estava em atingir as metas de vendas, mas muito mais em lidar com as pessoas e ajudá-las em seu desenvolvimento profissional. A descoberta foi tão importante que ela pediu para alterar o foco do trabalho para um processo de *coaching* de carreira.

A questão é: quando nos sentimos sem rumo, sem conexão com a nossa essência, grande parte da energia se dissipa. Nós perdemos a vontade de assumir nossas escolhas, já que elas não fazem sentido algum.

Com essas quatro competências iniciais, a base da *Accountability* está formada. Podemos seguir para o segundo passo: como impactamos as situações à nossa volta?

## Segundo passo – Impacto: identificar o impacto e as consequências nas situações

*"Ficamos perigosos quando não temos consciência de nossa responsabilidade por nossos comportamentos, pensamentos e sentimentos."*[28]

Figura 4 – Segundo passo: Impacto

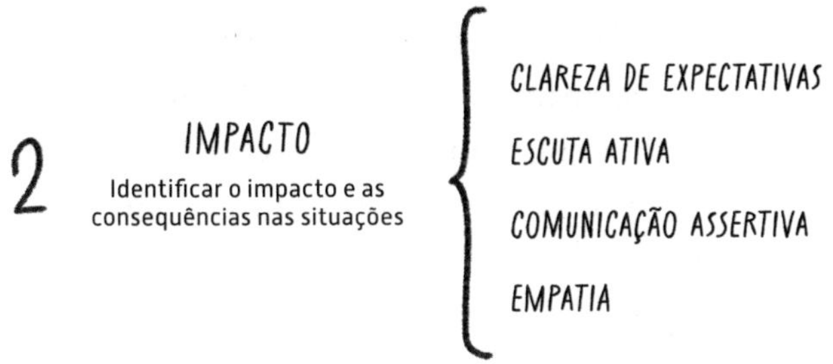

**2** IMPACTO
Identificar o impacto e as consequências nas situações
{
CLAREZA DE EXPECTATIVAS
ESCUTA ATIVA
COMUNICAÇÃO ASSERTIVA
EMPATIA
}

Fonte: Elaborado pela autora.

---

28 ROSENBERG, M. B. *Comunicação Não Violenta: técnicas para aprimorar relacionamentos pessoais e profissionais*. São Paulo: Ágora, 2006.

## CLAREZA DE EXPECTATIVAS

Quando trabalhamos as competências da *Accountability* em nossos workshops, percebemos que a clareza de expectativas não é algo que surge espontaneamente em uma primeira reflexão. No entanto, uma das principais armadilhas é não buscar o alinhamento entre as expectativas das outras pessoas e as nossas ações. Quantas vezes não nos desgastamos para entregar algo e, de repente, descobrimos que não era o esperado?

É nesse momento que damos oportunidade para as justificativas e desculpas aparecerem. A clareza de expectativa significa buscar proativamente entendimento, de forma objetiva, do que é esperado de nós e, assim, assumir a responsabilidade desse combinado. Sem isso, atuamos sem foco, perdemos tempo, geramos retrabalho e, o principal, não assumimos a nossa parte da história. Afinal de contas, não sabíamos que era daquela forma que deveria ter sido feito.

Isso é tão importante que Carolyn Taylor define *Accountability* como "a capacidade de um indivíduo ou grupo satisfazer as expectativas de um terceiro".[29] Além disso, a clareza de expectativa nos permite questionar a situação para assumi-la como nossa, contribuindo com a clareza de propósito e objetivo.

É muito comum vermos as tarefas sendo delegadas sem que as pessoas se apropriem delas justamente

---

29 TAYLOR, C. *Accountability no trabalho: como comprometer-se, cumprir o prometido e conseguir que outros façam o mesmo*. São Paulo: Labrador, 2021.

por não compreenderem a sua contribuição. Quando questionamos, damos a oportunidade de posicionar até que ponto vamos nos comprometer com o que foi solicitado e, assim, agir com comprometimento sobre as nossas ações.

## O que é Clareza de expectativas na prática

Quando iniciei meu trabalho como consultora, tive a oportunidade de convidar uma "ex-chefe" para fazer parte do time. Ela foi uma das melhores líderes que tive em minha carreira. Além de ter sido uma pessoa muito marcante em minha vida profissional, Sheila tem quase dezoito anos a mais do que eu e, com certeza, poderia me ajudar a amadurecer minha visão e minha postura perante os clientes mais críticos.

Ela tem uma habilidade de fazer algo muito raro diante de situações de pressão do cliente: consegue parar para refletir sobre aquele pedido e questioná-lo o suficiente para decodificar sua essência e, assim, atuar sobre a real expectativa do que está sendo dito. É interessantíssimo ver sua postura nas reuniões. Ela entra muda e sai calada. E, quando intervém, é absolutamente para fazer uma pergunta que coloca todos para pensar. Ela realmente tem o dom da observação além do óbvio. Já aconteceu mais de uma vez de terminarmos reuniões, e, em conversas posteriores, ela perguntar: "Mas o que realmente eles estão buscando nesse momento?" ou, então, "O que essa pessoa quis dizer com esta frase?". Com o seu semblante introspectivo, ela faz todos à sua volta refletirem por alguns bons minutos.

Recentemente, nós estávamos fechando um projeto de desenvolvimento de cultura com um cliente. Eu estava empolgada, desenhando os próximos passos sobre a formação do comitê de cultura, quando Sheila lançou, de repente, a pergunta: "Os líderes dessas pessoas já foram informados sobre a participação de seus liderados no comitê de cultura?". Pronto, lá estava ela fazendo uma intervenção simples, mas absolutamente importante para que todas as partes estivessem alinhadas nessa expectativa.

Trago esses exemplos porque acredito que essa postura seja essencial para não sairmos correndo atrás do que nos foi pedido sem compreender ao certo o que está sendo demandado. Quantas vezes não entramos no modo automático e nos esquecemos de olhar com calma para as expectativas do interlocutor?

Esse tipo de iniciativa de Sheila já nos salvou algumas vezes de entregar o que não foi pedido.

## O que é não é Clareza de expectativas na prática

Certa vez, no início da nossa parceria, eu e minha antiga sócia fomos convidadas a executar um projeto de estruturação da área de Recursos Humanos. Nós tínhamos experiência em empresas, mas estávamos construindo nosso repertório na consultoria. Isso significa que, no começo, você sabe o que precisa ser entregue e como deve ser feito, mas não sabe como combinar os "entregáveis" de forma assertiva com os clientes.

Elaboramos a proposta e acordamos com o cliente que faríamos uma análise do ciclo de gestão do RH. Sentamos juntas para analisar o material e preparamos uma apresentação com os pontos problemáticos encontrados. Marcamos a reunião de apresentação para as pessoas responsáveis pelo RH, e, após o nosso discurso, a resposta das participantes foi: "Só isso?".

Naquele momento, eu pensei: "O que elas querem dizer com isso?". Em seguida, uma delas teve a coragem de verbalizar a sua decepção: "Estávamos esperando que vocês nos mostrassem o melhor modelo a ser adotado, não só os pontos críticos do modelo atual". Confesso que a minha saliva ficou seca. Percebi na hora que as nossas expectativas não estavam alinhadas. Respondi cuidadosamente que o que estava no contrato era apenas a análise do ciclo, mas prontamente olhei para minha parceira e nos comprometemos a estruturar uma segunda rodada com os modelos sugeridos.

A sorte é que tínhamos uma boa parceria com essa cliente – caso contrário, nunca teríamos avançado em outras etapas do projeto. Mas e quando estamos dentro da organização e o cliente é uma área interna (que já não é o exemplo de parceria que você espera)?

É nesses momentos que o jogo de "empurra-empurra" começa e as soluções definitivamente ficam em segundo plano.

## ESCUTA ATIVA

A escuta ativa é uma das competências mais importantes e, ao mesmo tempo, menos perceptíveis da *Accountability*. Isso porque nós, geralmente, associamos uma postura protagonista a um comportamento ativo, enquanto a escuta ativa nos chama para o oposto. No entanto, ouvir o que a outra pessoa tem a dizer é o primeiro passo para uma leitura adequada da situação, abrindo espaço para a empatia e para um ajuste na forma como pretendemos impactar as pessoas.

Além disso, a escuta ativa é uma grande aliada da humildade, pois nos permite ouvir os outros e aprender com os nossos erros. Permite-nos, ainda, olhar para as oportunidades de melhoria em nossos comportamentos para efetivamente evoluir.

Demonstrar escuta ativa não significa ficar parado, acenando com a cabeça e concordando com tudo, mas estar curiosamente atento ao interlocutor e interagir de maneira investigativa para compreender melhor o ponto de vista alheio. Por isso, como a professora Amy Edmondson traz em seu livro *A organização sem medo*: "algumas vezes, tudo o que você tem a fazer é uma boa pergunta... Perguntas chamam por respostas; elas criam um vácuo que confere uma oportunidade de voz a alguém".[30]

---

30 EDMONDSON, A. C. *A organização sem medo: criando segurança psicológica no local de trabalho para aprendizado, inovação e crescimento*. Rio de Janeiro: Alta Books, 2020.

## O que é Escuta ativa na prática

Em 2022, eu tive a oportunidade de realizar um processo de *coaching* com o gerente geral de uma empresa de logística. Jaime (nome fictício) era um líder muito competente e reconhecido por sua capacidade de entregar resultados. No entanto, quando os números não saíam conforme previsto, ele tendia a ser coercitivo com a equipe, causando o efeito contrário de sua intenção inicial de trazer a equipe de volta para o ritmo esperado.

Logo na primeira sessão, Jaime demonstrou abertura e disponibilidade para ouvir os meus questionamentos. Apresentou suas dificuldades como líder e investigou genuinamente oportunidades de aprimoramento, evidenciando sua preocupação em aproveitar aquele espaço da melhor forma. Em todas as sessões, ele estava atento, anotava reflexões, trazia perguntas pertinentes e absorvia o máximo daquele momento. Após alguns encontros, Jaime já começou a demonstrar mudanças verdadeiras. Percebeu que a sua capacidade de escutar ativamente poderia ser uma ótima aliada para se tornar um líder mais empático e empoderador. Ele converteu uma de suas principais habilidades como *coachee* em sua maior fortaleza como líder.

O resultado foi imediato: Jaime começou a receber feedbacks espontâneos da equipe. Não só percebeu que escutar o time permitia se adaptar e melhorar o seu comportamento como líder, mas também descobriu que poderia ser uma ótima oportunidade de conseguir o melhor de cada um.

## O que não é Escuta ativa na prática

Certa vez, durante um projeto de desenvolvimento de cultura, eu tive a oportunidade de realizar algumas sessões de mentoria com o CEO da América Latina de uma grande multinacional. Maurício (nome fictício) era um executivo fortemente reconhecido por sua habilidade de trabalhar com um alto nível de exigência, promovendo resultados acima da média. Ele se dizia uma pessoa respeitosa no trato com as pessoas, mas a prática demonstrava exatamente o oposto.

Em uma das sessões, eu tentei provocar sua autorreflexão sobre a forma com que costumava se comunicar. Era muito frequente Maurício interromper alguém para emitir sua opinião sobre assunto. Perguntei o que ele acreditava que as pessoas pensavam quando ele interrompia alguém com a frase "eu não concordo". O executivo não recuou ou se intimidou. "Se eu não concordo, tenho o direito de dizer", respondeu. Eu insisti na provocação: "Sim, você tem o direito de dizer, mas como você acredita que o seu interlocutor recebe isso?".

Ele parou para refletir e rapidamente respondeu: "Não sei como as pessoas recebem, mas continuo acreditando que eu tenho o direito de me posicionar". Então, perguntei se, como CEO, ele não achava que a interrupção passava à outra pessoa a mensagem de que a opinião dele importava mais. Maurício se negava a refletir sobre os seus 33%. "Mas a pessoa pode continuar dizendo o que ela quer, eu só não concordo."

Busquei, então, outro caminho, mais provocador: "Mas, me conta, alguém pediu a sua opinião?". Ele, obviamente, não gostou. O que quero demonstrar com essa situação é que, muitas vezes, por falta de escuta ativa, nos colocamos como arrogantes e perdemos a oportunidade de identificar a melhor forma de desenrolar a situação. Ou pior, mantemos uma postura reativa e de justificativas em vez de demonstrar abertura para observar a nossa responsabilidade, conforme visto no caso de Maurício.

Se eu pudesse me atrever a dizer qual o maior desafio hoje para uma boa comunicação, diria que está em nossa capacidade genuína de escutar a outra pessoa. Obviamente, essa competência não garante uma boa leitura sobre o impacto que geramos no outro. Por isso, vamos compreender as demais competências que compõem esse passo.

## COMUNICAÇÃO ASSERTIVA

A necessidade de se comunicar de forma eficiente está, geralmente, presente em diversos temas, como liderança e inteligência emocional. Para a *Accountability*, a comunicação assertiva entra diretamente em sua capacidade de transmitir ideias de forma clara, coerente e objetiva, além de influenciar positivamente o meio para que os objetivos sejam alcançados. Ser assertivo torna-se, assim, uma das principais ferramentas, uma vez que permite traduzir a grande maioria das demais competências para a prática e definir limites entre o vitimismo e o protagonismo.

Segundo a autora Vera Martins, em seu livro *Seja assertivo*, "o comportamento assertivo é ativo, direto e honesto, transmitindo uma impressão de autorrespeito e respeito pelos outros".[31]

## O que é Comunicação assertiva na prática

Tenho uma grande amiga que, de tão assertiva, chega até a destoar do grupo. Certa vez, durante uma viagem juntas, a dona da casa onde nos hospedamos perguntou no grupo de mensagens: "O que vocês gostam de comer no café da manhã?". Eu logo respondi: "Ah, qualquer coisa, nem se preocupe com isso". Minha amiga, também convidada, foi direta: "Eu como pão, tomo leite semidesnatado com café e gosto de banana ou mamão como opções de frutas".

Ela estava certa! Eu, por exemplo, tomo leite sem lactose. Sem esse direcionamento, a dona da casa ficaria tentando imaginar o que seria melhor, gastaria mais tempo e ainda poderia errar nas escolhas, o que nos levaria, provavelmente, a uma restrição no momento da refeição e até a um possível resmungo à noite, como "nossa, o leite 'normal' não me caiu bem".

Na nossa cultura, não é comum esse tipo de assertividade. Damos preferência a agradar em vez de nos

---

31 MARTINS, V. *Seja assertivo: como conseguir mais autoconfiança e firmeza na sua vida profissional e pessoal*. Rio de Janeiro: Elsevier, 2005.

posicionar. Só que, além de causar uma falta de clareza sobre o que é o melhor a se fazer, isso também abre oportunidades para os degraus do vitimismo, já que as pessoas não tiveram a oportunidade de dizer o que querem de forma clara, e, com isso, as suas necessidades não foram atendidas.

Nas organizações não é diferente. Ao realizar um *team building* com um grupo de executivos, os participantes foram convidados a interagir para exercitar uma comunicação mais transparente e empática entre as partes. Com um roteiro em mãos e com algum receio e ceticismo, as duplas se espalharam pelas dependências do hotel em busca de um canto mais privado. Após cerca de uma hora, começaram a retornar para o salão principal. Os depoimentos foram incríveis. Quem iniciou foi o diretor: "Por que não fazemos isso todos os dias?! Tanta coisa dita que eu não sabia e que foram de extrema importância para que eu pudesse entender melhor a equipe... É muito importante sermos mais claros e transparentes em nosso dia a dia, isso aumentaria radicalmente nosso vínculo de confiança".

O mais interessante é que temos o mito de que, se dissermos o que estamos pensando, podemos criar um desgaste na relação. Sim, isso é bem verdade, quando não cuidamos da forma, mas uma boa comunicação promove melhores relações e, consequentemente, menos reclamações nos bastidores. Afinal, falar "para a pessoa" é bem mais maduro e efetivo do que "falar da pessoa".

## O que não é Comunicação assertiva na prática

Conforme comentei, o grande desafio está na forma de se comunicar, e, às vezes, as pessoas confundem falar o que pensam com autenticidade, ou deixar de falar com preservação da relação. A falta da assertividade pode se apresentar de duas formas absolutamente opostas: por um lado, você tem a comunicação agressiva; e, no outro extremo, a comunicação passiva. Tanto uma quanto a outra são manifestações de insegurança. Enquanto o agressivo ataca para se defender, o passivo se omite para se proteger.

Vamos exemplificar aqui os dois casos. Retornamos a 2016, quando eu estava ajudando um diretor a melhorar a sua habilidade de liderança com o time. Ele era um rapaz extremamente inteligente. Era doutor e professor de universidades renomadas. Tinha bastante conhecimento sobre os temas de sua área de atuação e fazia questão de colocar seus conhecimentos na mesa quando argumentava com seu time. Em uma das sessões, Rodrigo alegou: "Eu não aguento falar mais de oitenta vezes as coisas para a equipe. Por que eles não entendem que o que eu disse precisa ser priorizado?".

O que eu respondi? Ora, o óbvio: "Vai ver que as oitenta vezes não foram ditas da melhor forma...". Silêncio na sala. O diretor questionou: "E como fazer para eles entenderem na primeira vez então?".

Veja que até o questionamento dele foi em tom confrontador. Algo do tipo: "Se você acha que estou errado, quero ver você fazer melhor então". E assim seguimos com uma sequência de opções sobre como se posicionar com o time. Por que ele agia dessa forma?

Quando queremos algo e não vemos saída, é muito comum utilizarmos o recurso do ataque para ver se as pessoas "se mexem" em direção ao que desejamos. Vamos lembrar que esse é um comportamento utilizado com muita frequência por líderes coercitivos e por pais autoritários. Afinal, argumentar considerando a ótica e o entendimento do outro dá muito mais trabalho, certo? Será?

Agora vamos para o extremo oposto. Carla era ouvinte em uma palestra e me procurou ao final do evento com uma cara angustiada. "Acho que tenho problemas de *Accountability*", disse. "Eu não sei conversar com a minha chefe. Ela é muito dura comigo e não consigo me posicionar com ela." Após me contar um pouco mais sobre a sua história e os seus incômodos, ela concluiu que precisava de ajuda, e lá fomos nós para mais um processo de *coaching*.

Nas primeiras quatro sessões, Carla utilizou o tempo para reclamar de sua relação com a chefe. Parecia que ela precisava que eu a apoiasse no quanto aquela líder era difícil de lidar. Em um determinado momento, após alguns questionamentos sobre seus 33%, propus um exercício prático. Pedi que solicitasse um feedback para a chefe e que gravasse a sessão (com o consentimento dela, é claro) para utilizarmos esse material em nossas sessões.

Na semana seguinte, Carla chegou animada para ouvir a gravação. Disse que ainda não havia escutado e que preferiu fazer isso comigo. Conforme o áudio avançava, o rostinho de Carla ficava amuado e angustiado. Ao final da escuta, perguntei o que ela havia percebido. "Sou eu que me coloco como vítima", disse. "Ela começa a falar e eu perco a energia. Iniciei como um leão pedindo feedback e terminei como um gatinho indefeso. Por que permito que ela faça isso comigo?"

Pronto. Carla finalmente estava assumindo os seus 33%. Ao tomar consciência, ela conseguiu fazer a virada na vida. Começou a exercitar a verbalização de suas necessidades de forma clara e assertiva a ponto de o marido questionar por que ela não lhe obedecia mais (essa frase daria um oceano de conversa, mas vamos nos ater ao foco principal do caso).

Como vimos nesses episódios, a comunicação assertiva é uma aliada fundamental para o posicionamento de uma boa *Accountability*. Sem ela, podemos cair em uma zona de vitimização, alegando que os outros não nos compreendem, tanto na agressividade, quanto na passividade. Como já aprendemos, se a necessidade é nossa, nós é que somos responsáveis por comunicá-la da melhor forma.

### EMPATIA

Assim como a comunicação assertiva, a empatia ganha o seu espaço de destaque no grupo de competências da *Accountability* para garantir o melhor impacto nas pessoas. Ela está, segundo o estudo realizado, diretamente ligada à inteligência emocional. Mas, afinal, o que é empatia?

Geralmente, quando estamos em sala de treinamento, a primeira resposta dos participantes é a clássica: colocar-se no lugar do outro. Será que isso é empatia mesmo?

A primeira dúvida surge quando cogitamos que se colocar no lugar do outro parece o correto a se fazer para demonstrar empatia, mas é humanamente impossível. Cada pessoa reage ao mundo a partir de seu próprio repertório, considerando sua história, seus valores, suas crenças, sua personalidade e suas perspectivas. Para Brené, "Nossa visão do mundo é completamente única, pois nosso ponto de vista é um produto da nossa história e das nossas experiências".[32]

A segunda dúvida ocorre quando percebemos que, por melhor que seja a nossa intenção, uma atitude empática é algo desafiador de se praticar. "Queremos demonstrar uma verdadeira preocupação com o problema alheio, mas, na maioria das vezes, nossa atitude nos leva a tentar tirar a pessoa do seu lugar de pertencimento em vez de reconhecer a sua própria necessidade. A empatia não é resolver nada, é a escolha ousada de estar ao lado de alguém na escuridão, não é ir correndo acender a luz para nos sentirmos melhor", destaca Brené.[33] Isso significa que a empatia está muito

---

32 BROWN, B. *A coragem de ser imperfeito: como aceitar a própria vulnerabilidade, vencer a vergonha e ousar ser quem você é*. Rio de Janeiro: Sextante, 2016.
33 Idem.

mais relacionada à nossa capacidade de enxergar a outra pessoa em seu próprio lugar de pertencimento e respeitá-la, sem julgamento, em vez de tentar ajudá-la a sair de lá, muito mais por necessidade nossa do que da outra pessoa.

Uma atitude empática contribui radicalmente para uma postura *accountable* a partir do momento em que nos permite olhar o ponto de vista alheio sem julgamento, abrindo portas para a sustentação de um bom relacionamento interpessoal. Quanta vezes não nos pegamos julgando, acusando ou reclamando por não refletir sobre o ponto de vista e a necessidade da outra pessoa?

## O que é Empatia na prática

Em 2011, eu tive a oportunidade de atuar ao lado de uma pessoa incrível em uma empresa do ramo de siderurgia. Débora foi uma das melhores parceiras que tive em minha jornada profissional. Uma pessoa consistente, disciplinada e muito, muito prestativa. Mensalmente, nós tínhamos a tarefa de realizar o programa de integração para os novos colaboradores e, para não sobrecarregar nossas agendas, fazíamos um revezamento de datas. Uma das etapas do processo era chegar mais cedo ao escritório e preparar a sala de reunião com o kit de boas-vindas e os materiais necessários para o encontro. Aplicar o treinamento não era nada desafiador, mas acordar mais cedo para esse ritual realmente não era compatível com o meu paladar matinal. No entanto, ao contrário de mim, Débora era uma pessoa que madrugava diariamente para trabalhar. Chegava cerca de uma hora mais cedo do que todos no escritório e preferia essa logística em vez de enfrentar o trânsito caótico de São Paulo às 8h30 da manhã. Já não bastava esse ato sobre-humano, todas as vezes em que eu estava encarregada de realizar o programa de integração, Débora não hesitava em preparar a sala. Eu não pedia, ela simplesmente compreendia que, para mim, chegar mais cedo era mais desafiador e, por isso, executava prontamente a tarefa no meu lugar. O que ela ganhava com isso? Nada! Mas pessoas empáticas são assim. Não brigam, reclamam ou acusam a outra pessoa por ser diferente. Simplesmente compreendem e ajudam.

## O que é não é Empatia na prática

Em uma reunião de diretoria, um dos diretores mencionou que estava cansado da "geração mimimi". Disse que tinha que prestar atenção em tudo o que falava – caso contrário, as pessoas reclamavam dele. Nesse contexto, estávamos trabalhando a inteligência emocional da equipe, e assim seguiu o diálogo: "Esse povo é muito frágil, não aguenta uma porrada!". Questionei por que ele dizia aquilo. "Ah, porque, se eu aperto um pouco mais, o pessoal já vai reclamar no RH", respondeu. Aproveitei o gancho para trabalhar um dos nossos temas. "Ok, estamos falando de inteligência emocional e entendo seu ponto de vista. Mas o que é, então, uma pessoa inteligente emocionalmente para você?" Ele estranhou a pergunta, e eu expliquei o propósito: saber se ele estava sendo emocionalmente inteligente com a equipe. O diretor parou para refletir e ficou sem resposta. Completei a pergunta: "Cuidar da forma que impacta as pessoas não seria uma maneira de você ter inteligência emocional?". Ele ficou, novamente, calado e percebeu que, com aquela postura, estava reclamando do seu time em vez de cuidar dos seus 33%. Eu o conheço pessoalmente e posso dizer que ele poderia, sim, cuidar mais da forma como se posiciona. Quando não temos empatia, tendemos a reclamar sobre como a outra pessoa reage em vez de perceber que cada um tem a sua própria perspectiva sobre a situação. A empatia nos mantém conectados com uma visão mais ampla, permitindo ponderações em vez de julgamentos.

Com essas quatro competências de Impacto reforçando a base da *Accountability*, podemos partir para a Ação. No terceiro passo, a questão é como promover soluções.

## Terceiro passo – Ação: promover soluções a partir das próprias ações

*"Ser feliz não é acreditar que não precisamos mudar,
é perceber que podemos."*[34]

Figura 5 – Terceiro passo: Ação

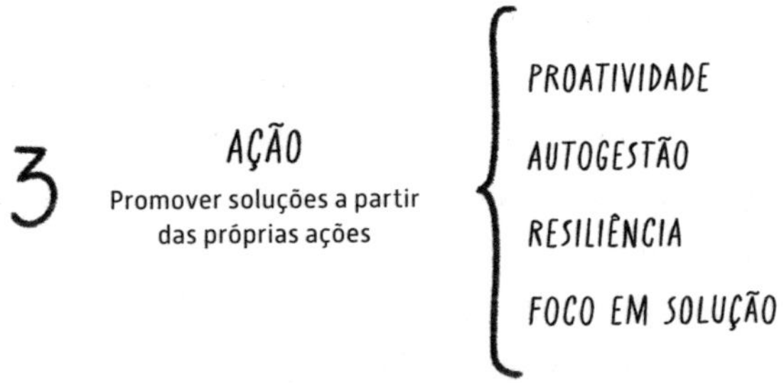

3 | AÇÃO
Promover soluções a partir das próprias ações
{ PROATIVIDADE
AUTOGESTÃO
RESILIÊNCIA
FOCO EM SOLUÇÃO

Fonte: Elaborado pela autora.

## PROATIVIDADE

Uma das formas de solucionar problemas é a capacidade de se ter iniciativa perante as situações. Uma pessoa proativa consegue apresentar uma energia ativa, evitando e até antecipando circunstâncias indesejadas.

---

[34] ACHOR, S. *O jeito Harvard de ser feliz: o curso mais concorrido da melhor universidade do mundo.* São Paulo: Saraiva, 2012.

A proatividade permite que os problemas não se acumulem e se transformem em algo impossível de se resolver. Com uma proatividade constante, dissolvemos de forma ágil os pequenos empecilhos do dia a dia. No entanto, não podemos nos esquecer de que o herói é uma pessoa cheia de iniciativas. Então, qual a medida certa?

É comum confundirmos uma postura de *Accountability* com a postura de herói, já que, em ambos os casos, a iniciativa se apresenta como um recurso presente. A linha tênue está na consciência. O quanto aquela iniciativa está contribuindo com a solução ou criando um problema? O excesso de proatividade está inibindo o espaço alheio em resposta ao meu próprio ego?

Por isso, a proatividade deve caminhar sempre ao lado das demais competências, mantendo-se como uma forte aliada à solução de problemas na medida certa.

## O que é Proatividade na prática

Meu Tio Pedro é uma pessoa bastante divertida. Amado por todos da família, ele está sempre disponível e disposto a contribuir com o próximo. Não existe uma foto de batizado, casamento ou formatura de algum sobrinho em que Pedro não esteja presente com o seu carinhoso sorriso. Uma das características mais bacanas dele é a capacidade de demonstrar iniciativa quando percebe que uma necessidade sua não está sendo atendida.

Quem conhece um pouco da minha família vai facilmente descrevê-la como numerosa e animada. São tantos tios e tantas tias que meus sobrinhos não conseguem decorar o nome de todos. Agora imagine como fica no dia do aniversário de alguém? Hoje em dia, o grupo de WhatsApp facilitou a lembrança e a organização das datas comemorativas, mas antigamente não era assim. Antes do surgimento do celular e das redes sociais, era comum ligarmos (do telefone fixo) para as pessoas na data de seu aniversário. Ou seja, quando alguém completava mais um ano de vida na família, recebia diversas ligações de felicitações ao longo do dia. Claro que, com tanta gente para decorar a data de aniversário, às vezes alguém passava despercebido – mas não para o Tio Pedro. Se ele percebia que o dia começava a avançar e seu telefone ainda não havia tocado, ele prontamente ligava para alguém e dizia: "Estou ligando para receber parabéns!".

Isso era muito divertido e espontâneo... E, além de promover boas risadas, evitava que ele ficasse triste por ter sido esquecido. Pedro sempre foi assim: toma uma atitude em vez de ficar reclamando pelos cantos. Só posso dizer uma coisa: temos muito a aprender com esse meu amado tio, ao qual costumo carinhosamente chamar de "anjo sem asas na Terra".

## O que não é Proatividade na prática

Em um projeto desafiador, eu tive a oportunidade de interagir com um diretor da área financeira. Estávamos mapeando a cultura da empresa e, em uma das etapas, promovemos um *assessment* de valores com os sócios. Esse executivo era um deles. Sua formação original não era exatamente em finanças, mas, quando os quatro sócios idealizaram a concepção da sociedade, cada membro assumiu a sua área de maior conforto, de acordo com a sua experiência e característica.

Rafael (nome fictício) era um rapaz inteligente, mas estava passando por questões pessoais que abalaram sensivelmente sua autoestima. Estava sem brilho, sem coragem e sem capacidade de enfrentar os problemas de forma *accountable*. Em uma das reuniões sobre a etapa individual do projeto, ele se sentiu à vontade para se expor e contar sobre as dificuldades que estava enfrentando, tanto na vida pessoal quanto na vida profissional. Enumerou diversas questões e dores diante das quais se sentia impotente, sem perspectiva de como agir. Culpava todos à sua volta, reclamava da falta de apoio, mas não conseguia perceber que ele mesmo estava se colocando naquele lugar. Por mais que eu utilizasse minhas habilidades de *coach*, fazendo perguntas abertas e explorando possibilidades e alternativas, Rafael se apresentava inerte naquele cenário. A situação ganhou proporções tão complexas que ele acabou se separando e foi convidado a se retirar do cargo de diretor financeiro.

Essa cena nos remete muito ao que observamos em quadros depressivos: desânimo, falta de iniciativa, descompromisso... Quantas pessoas não estão passando por dificuldades emocionais e não sabem o que fazer?

É claro que não podemos negligenciar questões patológicas e a necessidade de uma intervenção profissional, mas o que vale destacar aqui é justamente o quanto a falta de autoconsciência e proatividade dificultaram para que Rafael enxergasse a necessidade de assumir o controle da situação, inclusive para cuidar de si mesmo e pedir ajuda.

A proatividade é mais do que tomar uma atitude perante o problema; é realmente sentir-se autorresponsável por mudar aquela situação, principalmente para você mesmo.

## AUTOGESTÃO

A competência autogestão é uma forte aliada da *Accountability* por garantir autonomia, evitando apresentar justificativas por falta de organização própria. É possível observar a prática de uma boa autogestão quando a pessoa parece dar conta do que está em suas mãos – o mesmo vale para o contrário, isto é, a falta da autogestão. Uma pessoa que não consegue organizar as suas próprias tarefas tem a tendência a colocar as suas dificuldades na "falta de tempo" ou em qualquer outro elemento que justifique a sua dificuldade de entrega. Além disso, a ausência de um bom planejamento e organização pode se tornar um entrave ou até um impeditivo para a construção de soluções eficientes.

## O que é Autogestão na prática

Em 2021, eu iniciei um projeto de mentoria com um gerente geral de uma grande empresa. Gabriel (nome fictício) era muito atencioso e humilde, mas buscou ajuda porque se sentia perdido em sua função. Ele tinha diversas qualidades e habilidades de um bom líder, mas não conseguia ocupar o seu espaço na organização. Estava sempre com a agenda lotada de reuniões e, por isso, não conseguia fazer o seu papel nem como líder, nem como gestor da área. Ele estava incomodado, pois queria atuar de forma mais estratégica e impactante.

Em uma primeira sessão, Gabriel apresentou a sua necessidade de sustentar outro espaço, mas estava confuso em relação a como fazer isso. Nas sessões seguintes, exploramos um pouco mais esse foco de atuação e começamos a identificar os seus ralos de energia. Ele percebeu que estava gastando tempo onde não deveria, deixando de estar presente onde considerava necessário.

O primeiro passo foi organizar a sua agenda e descobrir o que era prioridade, de acordo com o papel desejado. Durante algumas sessões, Gabriel trouxe diferentes estratégias e, juntos, encontramos alternativas para reposicionar sua energia, seu tempo e sua atuação. A todo momento, ele se mostrou interessado e responsável por todo o processo. Não apresentava justificativas para dizer por que estava em lugares que não deveria (como ouvi muitas vezes em minha carreira). Tentava explorar a sua responsabilidade por não estar lá, onde queria, por ser sugado pela própria agenda.

Ao final do processo, Gabriel estava absolutamente no controle das situações. Começou a negociar a sua agenda, delegar atividades para a equipe e, principalmente, construir novos espaços de atuação. Sua capacidade de organização permitiu que ele deixasse de enxergar a sua agenda como a principal vilã de seus problemas, passando a realizar uma melhor gestão do seu tempo e da sua vida.

## O que não é Autogestão na prática

Em um processo de *coaching* que realizei com um gerente de TI, a demanda inicial estava relacionada à liderança, mas bastaram algumas conversas para percebermos que Felipe (nome fictício) tinha uma dificuldade enorme de se organizar. Ele estava sempre em dívida com as pessoas, sem conseguir priorizar as demandas com a equipe. Sua agenda era uma bagunça: não havia ao menos uma lista de atividades pendentes. Logo, ele desenvolveu uma vasta capacidade de justificativas pelos atrasos e entregas não realizadas. E-mails prometendo novos prazos e mensagens pedindo desculpas por não concluir alguma entrega era onde Felipe gastava boa parte de seu tempo. Ou seja, além de não cumprir com o que era combinado, ele se via em um redemoinho, gastando tempo e energia para driblar situações desconfortáveis com os seus clientes internos e externos.

Após um árduo caminho, Felipe começou a perceber que era o causador daquela situação. Sua falta de autogestão impactava diretamente tanto os resultados dele quando os do time. Mas por onde começar?

Pelo básico; isto é, listando todas as atividades e pendências e alocando as execuções dentro de sua agenda diária. Demorou um certo tempo até que Felipe "pegasse o jeito". Por mais que as pendências tivessem sido mapeadas, novas tarefas entravam e atrapalhavam o planejamento inicial. Dizer que ele saiu do processo de *coaching* com uma ótima capacidade de autogestão é um certo exagero, mas é possível dizer que ele saiu consciente e com um bom plano de ação em andamento.

Quantas vezes não nos deparamos com essa cena de dever algo e não saber nem por onde começar? Quantas vezes não colocamos a culpa na "falta de tempo" em vez de identificar como alocamos nossas atividades no tempo que temos?

Arrisco dizer que, atualmente, essa é uma competência fundamental para uma postura mais *accountable*.

## RESILIÊNCIA

Outro termo que já é conhecido e que exige cada vez mais necessidade de aplicação é a resiliência. Para os que ainda confundem essa competência com "aguentar pressão", vale aqui um breve esclarecimento do conceito. A resiliência é um termo emprestado da Física e está relacionado à capacidade de um corpo de sofrer pressão sem alterar o seu estado natural. Em sua adaptação para o ambiente organizacional, a resiliência está associada à capacidade de superar situações de adversidade com eficiência. Pessoas resilientes lidam de forma positiva com situações ruins, pois conseguem manter o equilíbrio emocional e o foco na resolução do problema. O que resiliência tem a ver com *Accountability*?

Uma pessoa *accountable* tende a lidar de forma adaptativa, a fim de se manter em seu foco principal. Para essa pessoa, os entraves tornam-se momentos de aprendizado ou até novas oportunidades. Já uma pessoa com baixa resiliência tende a se intimidar ou até a sofrer diante dos obstáculos que encontra. É comum encontrar duas formas de reações não produtivas quando a pessoa não tem uma boa resiliência: rigidez ou fragilidade. No primeiro caso, a pessoa acumula a pressão externa, criando um mecanismo de defesa para não lidar com agilidade emocional com o seu desconforto. Agilidade emocional é um conceito desenvolvido pela psicóloga Susan David que convida as pessoas a entrarem em contato com os seus sentimentos e as suas emoções, evitando o que ela chama de "falsa positividade".[35] É muito comum encontrarmos quem não quer demonstrar fraqueza emocional, apresentando uma falsa força emocional diante do desconforto. Costumo dizer que as pessoas

---

35 DAVID, S. *Agilidade emocional: abra sua mente, aceite as mudanças e prospere no trabalho e na vida*. Rio de Janeiro: Sextante, 2016.

rígidas emocionalmente só ganham gastrite e pressão alta. Do outro lado, está a fragilidade, uma sensação natural, mas que precisa ser trabalhada para não desencadear um sofrimento permanente. O problema não está em sofrer, mas em não ter forças para lidar com ele como se alguém fosse capaz de tirá-lo daquela situação. Se o mundo é reflexo da forma que o enxergamos, ninguém melhor para saber como lidar com nossas dores do que nós mesmos. Sofrer faz parte da nossa natureza, mas que seja para nos ajudar a refletir e buscar alternativas para as situações, não para nos colocar como vítimas delas.

Portanto, ser resiliente nos ajuda a superar os problemas com mais tranquilidade, passando por eles com leveza e sabedoria, como nos convida a escritora Cora Coralina no poema "Aninha e Suas Pedras": "Recria tua vida, sempre, sempre. Remove pedras e planta roseiras e faz doces. Recomeça".[36]

## O que é Resiliência na prática

Quando pensamos em uma pessoa resiliente, é natural pensarmos em alguém centrado e maduro, capaz de manter a calma em momentos de estresse. Pense: você conhece uma pessoa assim?

Eu conheço várias pessoas, e elas são admiráveis. É o caso de um colega que já foi presidente de banco. Uma das características que mais admiro nele é a

---

36 CORALINA, C. *Meu livro de cordel*. 8. ed. São Paulo: Global, 1998.

capacidade de lidar com os problemas de gente grande de forma madura. Em uma de suas passagens profissionais, ele me contou que estava divergindo de questões importantes com a matriz da empresa por questões relativamente sérias. A sede de operações ficava em um país da Europa e tinha uma visão muito diferente em relação ao sistema financeiro brasileiro. O principal ponto de divergência poderia colocar meu amigo atrás das grades, caso ele cumprisse o que estava sendo imposto pela Europa no Brasil. Mesmo diante de um ponto importante, meu colega manteve a elegância e gentileza na tratativa com os superiores. Colocou os prós e contras na mesa, apresentou soluções pautadas na legislação brasileira e em fatos da empresa e sugeriu alguns caminhos para que a situação se desdobrasse da melhor forma. Após meses de negociação, ele tomou a decisão de sair da empresa, mas buscou um acordo mantendo a elegância e gentileza de sempre.

A questão principal é que a resiliência está diretamente relacionada à capacidade de compreender o problema de uma forma maior, além dos nossos gatilhos comportamentais envolvidos na situação. O que nos ajuda a buscar esse entendimento é justamente a clareza do foco principal, ou seja, novamente do nosso propósito ou objetivo na situação. Parte do motivo de perder a cabeça é porque se perde o rumo do caminho: pelo que estamos brigando mesmo? Pelo que me descontrolei mesmo?

Se pararmos para pensar, às vezes nós mesmos não entendemos o motivo. É importante lembrar que, nesse momento, vale retomar a pergunta inicial: qual é meu objetivo nessa situação?

## O que não é Resiliência na prática

Conforme mencionado, a falta de resiliência pode ser caracterizada por dois opostos: rigidez ou fragilidade. Ambas diminuem nossa capacidade de adaptabilidade perante o problema. Rigidez significa se manter robusto e firme, recebendo os solavancos sem se moldar. Mas isso é eficiente?

Certa vez, eu estava desenvolvendo um material com um colega para um cliente do ramo da indústria. Nosso objetivo era construir um workshop sobre um tema do qual os dois já tinham material próprio, portanto, nos reunimos para juntar as peças e criar uma narrativa única para o encontro. Começamos pelo material dele, pois a minha intenção era dar liberdade para que ele trouxesse aquilo em que sentia mais conforto.

Ele iniciou a apresentação do material, e, em determinados momentos, levantei algumas questões para garantirmos o melhor para o cliente. Todas as vezes que eu o indagava, ele se prendia a uma justificativa, dando claras intenções de preservar o próprio material. Comecei a ficar impaciente, pois, na minha visão, não se tratava do meu ponto de vista versus o dele, mas muito mais sobre o que era melhor para o cliente. Em determinado ponto, eu perdi a gentileza e questionei se ele estava mesmo disposto a rever o material, uma vez que todas as provocações que eu havia feito estavam gerando um tempo longo de justificativas em vez de oportunidades de revisão. Por sorte, conseguimos concluir o material, mas tivemos que posteriormente abrir uma conversa mais estruturada sobre a falta de resiliência dele perante a alteração do material não só para evitarmos a morosidade em projetos futuros, mas também para garantir a escolha da melhor entrega para o cliente.

A rigidez é um mecanismo de defesa do ego para evitar inseguranças sobre as próprias vulnerabilidades por meio de um falso controle da situação. Ou seja, tentamos manter as situações no controle para evitar falhas e expor imperfeições. No entanto, o efeito pode ser o oposto do esperado. Como não conseguimos controlar o mundo, lutamos contra a nossa própria adaptabilidade, fazendo com que percamos o controle da situação.

Do lado oposto, temos a fragilidade. A fragilidade emocional está associada ao poder que damos ao outro sobre nós mesmos. Nós nos sentimos presos ao problema porque permitimos que ele seja maior do que nós. Uma pessoa frágil emocionalmente se abala com facilidade, desiste perante o obstáculo e costuma colocar a culpa no causador.

Esse é um tema que, por si só, daria oportunidade de um novo capítulo, já que estamos lidando com um mundo cada vez mais frágil emocionalmente. Para a *Accountability*, a fragilidade consome nossas energias, nos colocando na posição de vítima. Como isso acontece?

Laura (nome fictício) atuava como gerente de RH de uma empresa de base. Conhecida por sua coragem em enfrentar os problemas de forma humilde, ela acabou embarcando nesse novo desafio com o objetivo de desenvolver a cultura organizacional. O que ela não esperava é que o maior detrator da cultura desejada era o seu próprio chefe, um dos sócios da empresa. Bernardo (nome fictício) é simpático, mas extremamente controlador. Quando surge qualquer desconfiança sobre o empenho de alguém da equipe, começa a buscar informações sobre o horário de entrada e saída, acesso à internet e, em uma situação mais radical, esquiva-se de contatos fundamentais para o andamento do trabalho da pessoa da qual desconfia, como responder e-mails ou realizar reuniões simples para aprovação de pagamentos.

Certa vez, Laura teve que se ausentar devido a uma necessidade médica. Apesar do inquestionável comprometimento dela, Bernardo desconfiou da fidelidade da sua gerente e iniciou um processo de "caça". Após um período curto, Laura já não conseguia mais entregar suas tarefas, pois o chefe deixava de responder e-mails ou mensagens. Em uma de minhas idas à empresa, ela pediu para conversar e começou a chorar. Estava se sentindo boicotada e incompetente, pois não conseguia finalizar nada que estava em suas mãos.

Apesar da absoluta razão que Laura tinha sobre se sentir daquela forma, conversamos sobre o poder que ela permitia que Bernardo tivesse sobre ela. Laura não deveria se permitir ser definida por seu chefe, por mais que ele tivesse a intenção de prejudicá-la. Depois de se recuperar emocionalmente, ela tomou a decisão de que ele não determinaria mais a sua atuação como profissional, mantendo o seu trabalho da melhor forma possível.

Após alguns meses evitando sua gerente, o diretor pediu para falar com ela, pois havia tomado a decisão de demiti-la. Laura ouviu atentamente os argumentos de Bernardo sem se alterar. Quando ele finalizou a sua explicação infundada, ela pediu para expor o seu ponto de vista sobre a situação. Assumiu as próprias falhas e a sua própria dificuldade em lidar com o estilo dele, mas fez questão de colocar na mesa o quanto ele dificultava o trabalho dela.

Ao final, Bernardo agradeceu a sinceridade de Laura e optou por mantê-la na equipe, por reconhecer a coragem dela de dizer, de forma transparente, o que ele precisava ouvir. Quantos casos acabam com essa volta por cima? Quantas pessoas não desistem pela força que dão a outra pessoa?

Empoderar-se emocionalmente é perceber, acima de tudo, que ninguém pode ter influência sobre você mais do que você permite.

### FOCO EM SOLUÇÃO

Embora mencionada como a última competência do conjunto que compõe a *Accountability*, a capacidade de ter foco em solução é tão ou mais importante que as demais, uma vez que um dos principais limitadores da postura *accountable* é a tendência de se prender ao problema, assumindo a posição de vítima da situação. É preciso entender que adversidades sempre existirão e que, por isso, a única forma de lidar com elas é buscar alternativas e soluções que mitiguem os entraves do dia a dia.

Mesmo parecendo uma competência simples de aplicar, o foco em solução conclui com excelência todo o ciclo da postura *accountable*, evitando que todos os demais esforços não se concretizem. Afinal, quantas vezes não nos pegamos reclamando do problema em vez de investir energia na solução da situação?

## O que é Foco em solução na prática

Certa vez, fui tomar café da manhã com a minha família em uma padaria na região de Pinheiros, em São Paulo. Era uma manhã de domingo, com uma leve garoa. Embora o salão estivesse cheio, a recepcionista nos acomodou gentilmente em uma mesa. Havia opções maravilhosas no cardápio, já que a padaria era diferenciada e conhecida por sua qualidade. Chamamos a garçonete, que começou a anotar as bebidas. Perguntei se, por acaso, eles tinham leite de amêndoas como opção ao leite sem lactose. Ela sorriu e chamou a gerente, que pediu alguns minutos para verificar se havia como atender minha solicitação.

Nós estávamos sentados em uma mesa próxima à calçada e vi quando, de repente, a gerente atravessou a rua. Pensei: "Aonde será que ela vai?". Ela retornou alguns minutos depois, com uma sacola de supermercado, contendo uma caixa de leite. Logo depois, veio até a minha mesa. "Senhora, nós temos, sim, leite de amêndoas e já solicitei o seu café." Agradeci o cuidado e a atenção. O que fez com que aquela profissional fosse tão solícita? O que fez com que ela não utilizasse a desculpa de "não temos leite de amêndoas, senhora" e fosse buscar uma alternativa para me atender?

Nesse exemplo, é fácil perceber a correlação do "foco em solução" com as demais competências. Ter clareza de objetivo, escuta ativa, empatia, resiliência e proatividade só nos ajudam a ter mais facilidade para encontrar soluções de forma efetiva. A sensação que dá é que o "foco na solução" ocorre como consequência natural. Mas ainda existem pessoas que adoram um probleminha de estimação...

## O que não é Foco em solução na prática

Certa vez, trabalhei com uma pessoa muito simpática, mas pouco eficiente para resolução de problemas. Vanessa (nome fictício) estava na empresa há alguns anos, e a minha entrada fazia parte de um movimento interno para remanejá-la e aproveitá-la em uma nova possibilidade. O novo desafio envolvia coletar dados e criar indicadores para as áreas clientes.

Percebendo que era uma última tentativa de permanecer na empresa, Vanessa buscou se capacitar para a nova função. Por coincidência, eu havia trabalhado com indicadores anteriormente, e ela logo me pediu ajuda. Tentei explicar tudo que eu costumava fazer para conseguir organizar as informações. Contei que precisamos adotar uma data de corte dos dados para não sobrepormos informações, expliquei como fazer uma tabela dinâmica para consolidar os dados e mais algumas dicas de que me lembrava.

Após alguns meses, Vanessa veio me procurar novamente. Disse que não estava conseguindo validar alguns dados porque a área responsável enviou informações que não batiam. Sentei-me com ela para entender o que estava errado. "Você está usando a mesma data de corte para as duas tabelas?", perguntei. Ela confirmou, mas logo percebi uma sobreposição de um dia nas informações. Expliquei o que estava acontecendo: a área de remuneração enviava os dados do fechamento da folha, cabendo a ela definir a data de corte. Ela não se deu por convencida. Insistiu que a ajuda deles não era suficiente. "Eles dizem que já enviaram o que combinamos, mas não funciona!", respondeu, demonstrando-se irritada. Ela não conseguia perceber as suas dificuldades em pedir o material de forma clara, colocando a culpa em suas interfaces. Ainda fiz mais algumas tentativas, mas o seu incômodo com a situação me fez acelerar a conversa e só ajudá-la a gerar alguns gráficos básicos.

Semanas depois, a minha gerente me pediu para dar continuidade àquela demanda. Vanessa estava de férias, e as suas interfaces atestaram a minha suspeita de que as dificuldades estavam centradas nela mesma.

Infelizmente esse episódio só corroborou com a decisão pela sua demissão. Reforço as competências anteriores como necessárias para mantermos o foco no problema e não na solução. Falta de autoconhecimento, falta de clareza de expectativa, comunicação ineficiente, dificuldade de ter resiliência e autogestão só fizeram com que Vanessa ficasse brigando com o problema em vez de tentar compreendê-lo e se compreender como parte dele.

Durante um workshop, um dos participantes disse que está muito acostumado a ver reuniões em que as pessoas ficam "dançando em volta do problema" em vez de colocá-lo em cima da mesa e propor soluções efetivas. Quanto gasto de energia desnecessário...

E seguimos assim, com pessoas vítimas de um lado, esquivando-se de ser parte colaborativa do time; e, do outro lado, heróis e heroínas, tentando dar conta da parte que as outras pessoas não fazem. Se tivermos mais autoconsciência sobre nossos atos, perceberemos de forma mais clara o impacto gerado nas pessoas à nossa volta. Poderemos propor soluções a partir do repensar das nossas atitudes e, quem sabe, ter equipes mais unidas, pessoas menos desgastadas e resultados mais efetivos.

Finalmente, vamos recapitular as doze competências essenciais da *Accountability*?

Figura 6 – As doze competências essenciais da *Accountability* em três passos

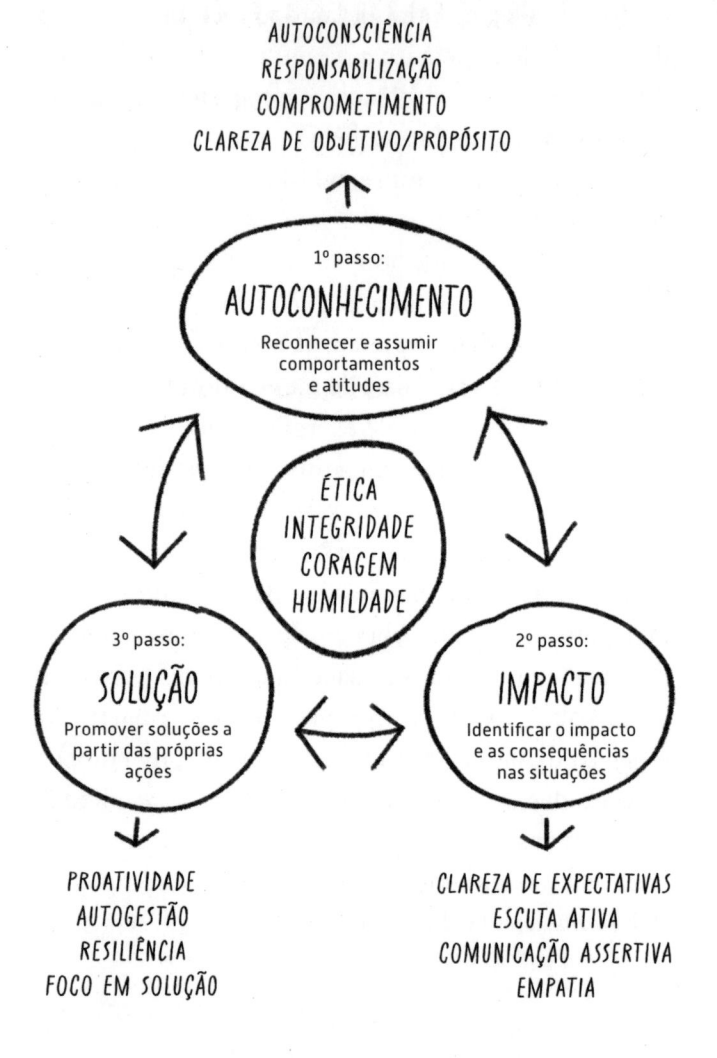

AUTOCONSCIÊNCIA
RESPONSABILIZAÇÃO
COMPROMETIMENTO
CLAREZA DE OBJETIVO/PROPÓSITO

↑

**1º passo:**
**AUTOCONHECIMENTO**
Reconhecer e assumir comportamentos e atitudes

ÉTICA
INTEGRIDADE
CORAGEM
HUMILDADE

**3º passo:**
**SOLUÇÃO**
Promover soluções a partir das próprias ações

**2º passo:**
**IMPACTO**
Identificar o impacto e as consequências nas situações

PROATIVIDADE
AUTOGESTÃO
RESILIÊNCIA
FOCO EM SOLUÇÃO

CLAREZA DE EXPECTATIVAS
ESCUTA ATIVA
COMUNICAÇÃO ASSERTIVA
EMPATIA

Fonte: Elaborado pela autora.

CAPÍTULO 3

# Identificando minha *Accountability*

## A LINHA TÊNUE QUE SEPARA O VITIMISMO DO PROTAGONISMO

Agora que já iniciamos uma conversa mais estruturada sobre *Accountability*, provavelmente você prestará mais atenção em alguns comportamentos à sua volta e vai se deparar com um cardápio amplo de justificativas e culpas em vez de uma postura de responsabilização.

Conforme comentei anteriormente, isso está permeado em nossa cultura sem nos darmos conta. É aquela parte do "jeitinho brasileiro" que, em sua essência, trata-se de "se esquivar da responsabilidade". Desde desculpas como "o trânsito estava ruim" até "isso não é minha tarefa", as justificativas invadem nosso dia a dia, e seguimos entendendo-as como algo natural de se ouvir.

No entanto, como um dos princípios básicos para qualquer mudança de comportamento passa por identificá-lo e torná-lo consciente, aprender a identificar essas falas torna-se fundamental para gerar consciência e posterior transformação na postura.

Para facilitar a identificação desses comportamentos no dia a dia, apresento uma figura que conheci posteriormente à minha pesquisa e que vem ajudando muito na conscientização da *Accountability*. Foi desafiador encontrar a origem dessa escada, mas, após uma profunda garimpagem, descobri que esse conceito nasceu de um discurso do ativista de direitos humanos e então presidente da National Association for the Advancement of Colored People (NAACP) Bruce Gordon, posteriormente transcrito para esse formato por outros autores.

Figura 7 – Escada da *Accountability*

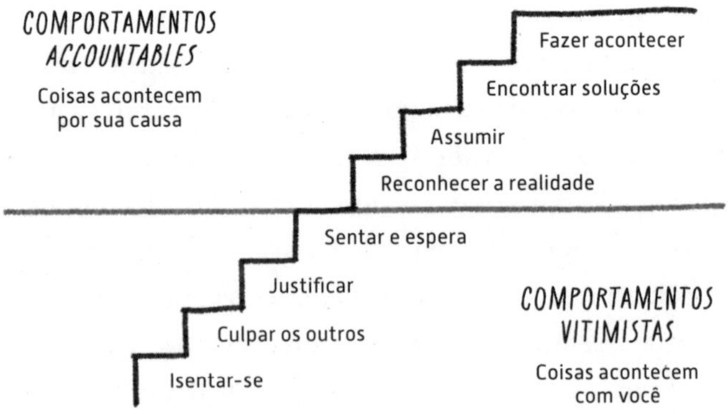

**COMPORTAMENTOS ACCOUNTABLES**
Coisas acontecem por sua causa

- Fazer acontecer
- Encontrar soluções
- Assumir
- Reconhecer a realidade
- Sentar e espera
- Justificar
- Culpar os outros
- Isentar-se

**COMPORTAMENTOS VITIMISTAS**
Coisas acontecem com você

Fonte: Adaptado da entrevista de Bruce Gordon – Tavis Smiley Show, PBS, 2010.[37]

---

37 Adaptado da entrevista de Bruce Gordon – Tavis Smiley Show, PBS, 2010. Disponível em: https://www.c-span.org/video/?c5055512/user-clip-bruce--gordon-accountability-ladder. Acesso em: 15 fev. 2024.

Esse material tem como principal objetivo ajudar a mapear de forma bem prática os diferentes comportamentos que assumimos diante dos problemas, além de compreender em que momento começamos a assumir uma postura mais *accountable*.

A figura está dividida em oito degraus:

## Primeiro degrau: Isentar-se

Na base da escada, é possível perceber que a atitude menos *accountable* é a famosa fala "isso não é da minha conta". Quantas vezes ouvimos "esse não é o meu trabalho", "não sou pago para isso", "não tenho nada a ver com isso", e por aí vai?

A pessoa que se isenta se coloca em um mundo paralelo, como se o outro não existisse; não consegue reconhecer comportamentos, impactos e muito menos soluções. A parte difícil é justamente convencê-la de que ela vive no mesmo planeta que as outras pessoas e que, portanto, precisa começar a observar em que parte o seu papel está inserido no todo para poder assumi-lo e, assim, gerar soluções. Como quem se isenta é identificado com maior facilidade, ele acaba não sobrevivendo muito tempo dentro da organização.

## Segundo degrau: Culpar os outros

Com um pouco mais de frequência e complacência, aparece a nossa habilidade de apontar o dedo. A capacidade de encontrar culpados é incrivelmente infinita, como forma de se proteger de ser parte do problema. Neste caso, diferentemente da pessoa que se isenta, aquela que busca culpados sabe que faz parte da situação, mas tem medo de reconhecer suas falhas e seus erros. Costumo brincar que essa pessoa deve pensar igual ao personagem Homer Simpson: "A culpa é minha, e eu coloco ela em quem eu quiser!".

O autor Marshall Goldsmith esclarece isso de forma bem assertiva em sua obra *O efeito gatilho*:

> Além da habilidade de culpar o ambiente por tudo, somos igualmente mestres na arte de nos conceder absolvição pelas nossas deficiências. Raramente nos responsabilizamos por erros ou más escolhas, já que o ambiente está ali, disponível para todas as culpas.[38]

Na verdade, esse tipo de atitude geralmente está relacionado a uma dificuldade em lidar com as próprias vulnerabilidades. A pessoa que se esquiva de assumir sua responsabilidade normalmente está dominada por insegurança e pelo medo de falhar ou fracassar.

---

38 GOLDSMITH, M.; REITER, M. *O efeito gatilho: como disparar as mudanças de comportamento que levam ao sucesso nos negócios e na vida*. São Paulo: Companhia Editora Nacional, 2017.

## Terceiro degrau: Justificar

Apesar de não ter pesquisado estatisticamente essa informação, arrisco dizer que esse é o degrau favorito na nossa cultura. Um dos motivos é que gostamos de preservar os relacionamentos e manter a política da boa vizinhança. Então, para que apontar o dedo se posso me utilizar de desculpas?

Basta você conhecer o estudo de Hofstede,[39] no aplicativo Hofstede Insights, que aponta os dados da dimensão "Individualismo", revelando o quanto agimos em função do interesse pessoal versus o interesse do grupo. Acredito que você não ficará impressionado ao saber que, em nossa cultura, priorizamos o último, isto é, o interesse do grupo.

Com isso, seguimos ouvindo por aí: "Não tive tempo", "não fiquei sabendo", "não estava combinado", "já recebi o material assim" etc. A partir deste momento, convido você a prestar atenção no que fala e ouve. Você vai se surpreender.

## Quarto degrau: Sentar e esperar

Esse comportamento é mais difícil de perceber de forma tão evidente, pois ele se apresenta mais passivamente.

---

39 HOFSTEDE, G. Dimensionalizing cultures: the Hofstede model in context. *Online Readings in Psychology and Culture*, 2011. Disponível em: https://scholarworks.gvsu.edu/cgi/viewcontent.cgi?article=1014&context=orpc. Acesso em: 15 fev. 2024.

É aquela pessoa que pensa "quando me pedirem para fazer, eu faço, mas se não me pedirem...". Você consegue identificá-la ao precisar dar um "empurrãozinho" para que o outro tome iniciativa e cumpra com a sua responsabilidade. Geralmente, uma pessoa que espera não costuma gerar problemas, mas não espere dela que naturalmente encabece a iniciativa de resolver a situação.

## Quinto degrau: Reconhecer a realidade

Agora, finalmente, estamos falando de *Accountability*. Daqui para a frente, você vai perceber que existe uma sequência de comportamentos que permitem que a pessoa busque soluções – geralmente, a primeira ação desencadeia as demais.

A capacidade de reconhecer a realidade está relacionada a perceber os problemas como eventos, não como obstáculos. Uma pessoa que apresenta os resultados da área buscando justificar por que não atingiu as metas é diferente de outra que apresenta as variáveis com as quais pode atuar para reverter o cenário.

No começo da minha trajetória como consultora, eu prestei serviço em uma empresa na qual o dono sempre justificava a falta de alcance dos resultados como uma resposta à economia. A fala era sempre a mesma: o mercado estava ruim, e isso dificultava as vendas do segmento. A uma certa altura, comecei a buscar outros diagnósticos e, em uma sessão de grupo focal com os representantes de vendas, percebi que eles estavam desmotivados devido a uma mudança no comissionamento realizado há alguns meses pelo próprio dono. Eles não sentiam abertura para discutir esse descontentamento e, por isso, mantinham o comportamento aquém do desejado.

A questão é que, muitas vezes, nós achamos que há uma forma de influenciar as variáveis, optando por uma justificativa para explicar a situação. Temos a tendência a dar mais importância para o que não temos controle, justamente por sua natureza ser de alto impacto, como a falta de tempo, a cultura da empresa, a burocracia do país. Esses temas ganham espaço dentro das organizações por serem, de fato, a realidade. Mesmo sem influência ou poder de ação sobre todos os fatores, esse movimento tira a oportunidade de olhar para as pequenas variáveis em nossas mãos. A pergunta é: o que mais nos permitiria ter poder de mudança?

Portanto, tenha cuidado. A distância entre reconhecer e justificar é pequena. A grande diferença está em: isto é um fato, mas, além desse fato, quais os meus 33% que preciso assumir para gerar soluções?

Vale lembrar que, se realmente você tiver 0% de possibilidade de controle ou influência na situação, a única alternativa será se adaptar ao cenário. Mas ir para baixo da linha e reclamar, jamais!

## Sexto degrau: Assumir

É neste degrau da escada que assumimos os nossos 33%. Assumir a responsabilidade significa justamente trazer para si sua parte da história, ou seja, sua parte do problema e da solução. Se saltarmos esse degrau, corremos o risco de entrar nas armadilhas da *Accountability*, as quais apresentarei adiante em mais detalhes. Quando reconhecemos os fatos e assumimos o que podemos fazer com eles, entramos na verdadeira postura *accountable*. Trata-se de falas como: "Se estamos com queda nos resultados, pode ser que eu esteja deixando de analisar alguma variável" ou "como estamos lidando com essa variável sobre a qual não temos controle?".

Por isso, o primeiro passo acima da linha da *Accountability*, isto é, o reconhecimento da realidade, desencadeia o processo de busca de solução, pois naturalmente a pessoa caminha para esse cenário quando percebe que tem o potencial de solucionar os problemas em suas mãos.

## Sétimo degrau: Encontrar soluções

Uma vez que a pessoa percebe a sua parte, nada mais natural do que construir possibilidades para solucionar os problemas, não é mesmo? Quem está em busca de soluções não se prende a obstáculos, pois entende que o foco está adiante dos empecilhos que encontra. Ser uma pessoa capaz de trazer soluções é vantagem para si e para os outros, pois constrói novos caminhos e possibilidades, além de relações de confiança, pois os demais sabem que podem contar com você e reconhecem o seu valor.

Imagine o próximo passo da situação exemplificada anteriormente: "Se estamos com queda nos resultados, pode ser que eu não esteja analisando alguma variável. Portanto, seria interessante rever alguns pontos sob diferentes perspectivas".

É claro que não será tão simples buscar novas soluções de forma automática. Às vezes ouço: "Se eu soubesse o que fazer, já teria feito diferente!". O que eu estou provocando nesse momento é a ampliação do olhar para outras perspectivas. Tenho certeza de que existe um esforço envolvido até aqui, mas se os resultados estão aquém do esperado, então é necessário rever se o esforço está sendo aplicado no lugar mais efetivo. No capítulo 4, trarei algumas possibilidades que podem ajudar a refletir sobre como desenvolver novas habilidades.

## Oitavo degrau: Fazer acontecer

Para completar com chave de ouro a escada da *Accountability*, a atitude de "fazer acontecer" permite eliminar os problemas com eficácia. A pessoa que lidera as iniciativas geralmente permite que as coisas andem, fluam para o seu próximo estágio natural. Longe de se prender aos problemas, a capacidade de "fazer acontecer" está sempre transformando energia estagnada em energia de resolução. Infelizmente, algumas pessoas têm receio de tomar esse tipo de iniciativa por acreditarem que podem ficar sobrecarregadas. Confie: isso é apenas uma crença das armadilhas da *accountability*...

## AS ARMADILHAS DA *ACCOUNTABILITY*

Ao longo dos anos desenvolvendo *Accountability* em diferentes grupos e perfis de pessoas, percebi que algumas discussões surgiam sobre possíveis atitudes *accountables* e não se encaixavam, de forma natural, nos degraus da escada.

A ideia a seguir nasceu de diversas situações nas quais, no decorrer da apresentação da escada, um ou mais participantes traziam a seguinte inquietação: se eu sou uma pessoa que "faz acontecer", que traz soluções para os problemas, por que não necessariamente sou *accountable*?

Eis um dos maiores mitos da *Accountability*: achar que liderar uma solução ou ter uma atitude perante um problema automaticamente o caracteriza como uma pessoa *accountable*. A questão está em olhar além dos comportamentos. Uma das principais premissas de uma pessoa *accountable* é a capacidade de estar autoconsciente dos seus atos. Diante disso, optei por elaborar um quadro que intitulei "Armadilhas da *Accountability*", representado no esquema a seguir.

Figura 8 – Armadilhas da *Accountability*

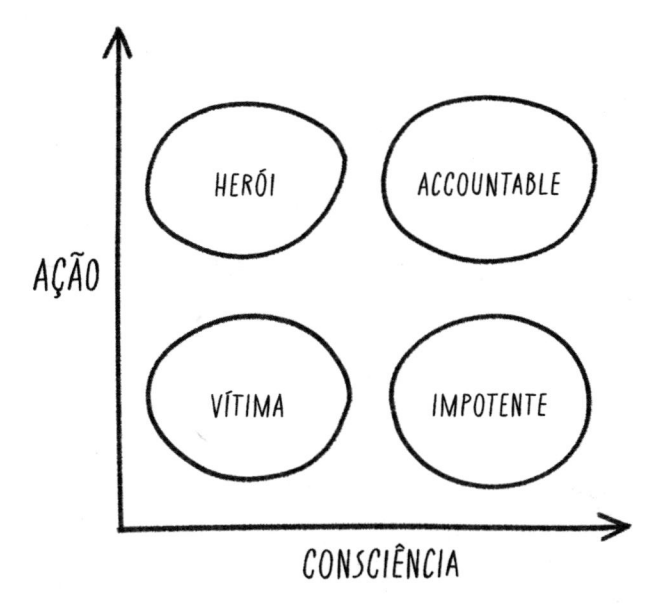

```
         ACÃO ↑
              |   ( HERÓI )      ( ACCOUNTABLE )
              |
              |   ( VÍTIMA )     ( IMPOTENTE )
              |_____→
                         CONSCIÊNCIA
```

Fonte: Elaborado pela autora.

No eixo vertical, temos a nossa capacidade de ação, ou seja, de ter atitude para resolver os problemas. Já no eixo horizontal, temos a nossa capacidade de reconhecer nossa parte e assumir nossos 33%.

## Vítima

O quadrante da VÍTIMA é geralmente o mais fácil de reconhecer. A pessoa não tem consciência total sobre a sua parte na situação e, portanto, não toma atitude a respeito dos problemas. É nesse quadrante que observamos todos os comportamentos abaixo da linha da Escada da *Accountability*. A pessoa se sente uma vítima justamente pelo que acontece com ela. Trabalhar o desenvolvimento de pessoas com esse perfil ou comportamento é um verdadeiro desafio, pois a falta de autoconsciência e a postura de reclamação dificultam, inclusive, a percepção de suas próprias potencialidades e das possibilidades de agir de maneira diferente.

## Impotente

Já a pessoa do quadrante IMPOTENTE reconhece que faz parte do problema, sabe que precisa fazer algo a respeito, mas não consegue agir ou não encontra alternativas para lidar de forma eficiente com as situações. Ela se sente, muitas vezes, culpada por se perceber como causadora da história e incapaz de sair desse lugar. Uma fala comum é: "Eu sei que a forma como eu lido não é a melhor, mas não sei o que mais fazer".

A vantagem é que ela já tem consciência dos seus 33%, mas é fundamental desenvolver novas habilidades para sair da impotência e descobrir o seu potencial de mudança. É importante lembrar que se sentir impotente, neste caso, é muito diferente de se sentir impotente diante de situações sobre as quais não há influência ou controle. Portanto, cuidado para não misturar as estações. Mais adiante vamos explorar melhor esse ponto.

# Herói

No quadrante do HERÓI, temos um alto nível de energia para a ação. São pessoas que geralmente demonstram alta capacidade de resolução de problemas, mas não necessariamente possuem o nível de consciência sobre a sua responsabilidade sobre eles. O herói, como o próprio nome diz, aparece para salvar a situação, geralmente "instaurada por outra pessoa". É provável que pense: "Se não fosse eu para fazer isso, nada se resolveria". Por que não considerar isso como uma forma de *Accountability*, se a pessoa "faz acontecer"?

Porque o herói tende a acreditar que nunca é o causador da situação. Assim como a pessoa que se isenta, ele não se reconhece como parte do problema e só está lá para salvar a todos. E, mesmo que ele realmente não seja parte da causa, sua intenção está focada em mostrar que é capaz, mais do que assumir a responsabilidade por algo. Pessoas que apresentam a postura do herói, geralmente, não possuem humildade suficiente para reconhecer os seus impactos na situação. Daí a dificuldade para reconhecerem que precisam desenvolver *Accountability*. E o pior: por trazerem solução, são formalmente reconhecidas pela organização. Lembra que comentei anteriormente que a humildade é o que "separa os meninos dos homens"? É exatamente aqui que enxergamos essa diferença.

Certa vez, estava realizando um processo de *coaching* com um diretor extremamente inteligente, que se intitulava muito *accountable*. Realmente, quando ele entrava em cena, era para desdobrar a situação. Em suas sessões, ele costumava reclamar que não aguentava mais ter que explicar a mesma coisa para as pessoas e elas não cumprirem o que ele determinava. Isso lhe parece uma verdadeira *Accountability*?

Quando somos *accountables*, a reclamação não entra no nosso dicionário. Neste caso, descobriu-se que ele não tinha uma boa comunicação com a equipe, dificultando a resolução dos problemas.

## Accountable

Finalmente, a pessoa *ACCOUNTABLE* possui um alto nível de consciência e responsabilização pelos seus comportamentos e impactos, bem como muita energia para a ação. São pessoas que atuam acima da linha, não reclamam e buscam alternativas para solucionar os problemas de forma eficiente e assertiva. Diferentemente do que se prega, não são pessoas que se sobrecarregam, mas sim pessoas que contribuem com os resultados, assumindo de forma clara o seu papel, as suas responsabilidades, vulnerabilidades e eventuais falhas. Nada além disso.

Para continuar a nossa jornada de desenvolvimento da *Accountability*, vamos mergulhar mais profundamente nas competências que permitem a construção de uma postura protagonista em sua totalidade.

## O LIMITE DA *ACCOUNTABILITY*

Antes de construirmos nosso Plano de Desenvolvimento Individual, vamos compreender melhor onde está o seu limite, visto que já tentamos entender nossa parte no problema para encontrar uma solução.

Nós temos, muitas vezes, a sensação de que não somos mais capazes de mudar o cenário no qual estamos inseridos. Ficamos incomodados nos perguntando se tem algo diferente a fazer ou nos questionando se tem mais alguma parcela dos 33% ainda não consciente. Quando não encontramos respostas, precisamos fazer escolhas.

Se você já fez a lição de casa, já reconheceu a sua responsabilidade na situação e identificou como costuma se comportar nesses casos; ou já tentou fazer diferente e viu que a situação não se reconfigurou, restando-lhe somente assumir que você chegou ao *seu* limite. Quando menciono 33%, significa que tem uma parte que não é sua mesmo e que, por mais que você tente influenciá-la, pode ser que o seu impacto seja tão sutil que o esforço não esteja surtindo efeito. Hora de mudar. Hora de desistir. E tudo bem. Você fez a sua parte.

Todos nós temos limites. Somos seres humanos imperfeitos, e a habilidade de encontrar o seu próprio limite também faz parte do seu desenvolvimento e amadurecimento. Para encontrar esse limite de forma consciente, é importante ter certeza das variáveis e da "porcentagem" em que você está envolvido.

Pense no seguinte exemplo: em uma empresa, você busca uma mudança de relacionamento com o seu chefe, pois se incomoda com o perfil microgerenciador dele. Já pediu feedback para tentar identificar se você é a pessoa que não sabe lidar de forma eficiente com as demandas, já tentou fazer diferente e nada se reconfigurou. Está na hora de repensar se vale a pena continuar tentando.

Teimosia não significa *Accountability*. Se você se pegou reclamando pelos cantos, significa que está na hora de repensar suas escolhas antes de entrar na zona do vitimismo. O seu poder de influência está relacionado à sua capacidade de mudar a situação e ao seu impacto sobre ela. Quando percebemos que temos baixo poder de influência e impacto, de que adianta continuar tentando? Não se esqueça: essa alternativa só vale se você já fez o exercício de se perguntar: "Quais são os meus 33%?".

A questão é que, na verdade, o limite da *Accountability* está dentro de cada um de nós. Como seres humanos, temos um repertório limitado de alternativas de comportamentos. Não é possível lidar com todas as situações de forma diferente e eficiente sempre. Por isso, nossa escolha está diretamente relacionada ao nosso incômodo. Reconhecer a realidade é justamente isso: o seu próprio limite pessoal. O que importa é fazer escolhas conscientes: ter certeza de que fez tudo o que era possível – inclusive tomar a decisão de desistir. Note a diferença: a escolha não ocorreu porque "era impossível lidar com seu chefe".

É conhecer o próprio limite e agir de forma consciente e autorresponsável. É bem mais *accountable* dizer: "Eu realmente não soube me adaptar ao estilo de gestão do meu chefe", concorda?

CAPÍTULO 4

# Colocando em prática

Finalizados os conceitos necessários para compreender como a *Accountability* acontece, dediquei este capítulo para apresentar formas práticas de como desenvolver essas competências e, assim, promover uma mudança consistente de comportamentos.

## AVALIANDO MEUS 33%

Conforme comentei, ter autoconsciência dos seus 33% é um dos principais desafios para assumir uma *Accountability* mais profunda. Portanto, o primeiro passo é diagnosticar o quanto estamos conscientes sobre nossa postura autorresponsável.

Logo, o primeiro exercício é um convite à identificação dos 33%. Essa atividade permite ampliar a visão sobre as situações que o incomodam e, assim, reconhecer sua parte nelas. Trata-se de um exercício fácil, porém revelador.

Recomendo que, para este capítulo, você tenha um caderno para registro das atividades. A escrita nos permite acessar diretamente a nossa consciência, por isso é uma prática bastante enriquecedora para este momento.

Comece rascunhando a seguinte tabela com três colunas. Dica: deixe espaço para uma quarta coluna. Mais adiante vamos completar o exercício com os novos comportamentos.

## Exercício 1

| O QUE ME INCOMODA | QUANTO SOU RESPONSÁVEL POR ESSA SITUAÇÃO | O QUE FAÇO OU DEIXO DE FAZER QUE ME TORNA RESPONSÁVEL POR ESSA SITUAÇÃO |
|---|---|---|
|  |  |  |
|  |  |  |
|  |  |  |

Fonte: Elaborado pela autora.

Na primeira coluna, escreva: "O que me incomoda" e inclua, nas linhas abaixo, os seus desconfortos. Vale tudo: da situação mais simples à mais complexa, isto é, da louça suja em cima da pia até a cultura da empresa em que trabalha.

Na segunda coluna, identificada como "O quanto sou responsável por esta situação", preencha com um valor de 0 a 100%. É claro que esse é um percentual absolutamente hipotético, baseado na sua percepção sobre o assunto, mas geralmente leva a uma reflexão sobre a nossa parte no problema.

Finalmente, a terceira coluna é a mais desafiadora, porque exige que você realmente identifique os comportamentos que o mantêm como parte do problema. A pergunta a ser respondida aqui é: "O que eu faço ou deixo de fazer que me torna responsável por esta situação?".

A proposta, nesse momento, é diagnosticar os comportamentos ausentes ou ineficientes. Destaque aquelas atitudes que, por mais esforçadas que sejam, não levam ao resultado desejado. Por exemplo: uma aluna uma vez me disse que ser *accountable* era muito difícil (até aí, eu concordo plenamente), mas que, depois de ter assistido à minha aula, passou a ficar extremamente sobrecarregada. Disse que queria ser promovida e que, por isso, começou a assumir mais responsabilidades. Naquele momento, a única coisa que havia conquistado era mais trabalho aos finais de semana.

Retomei o ponto inicial e perguntei: "De quem é o incômodo? Seu ou da sua chefe?". Ela me respondeu prontamente: "Meu, claro". Em seguida, questionei: "O que você está fazendo ou deixando de fazer que a mantém nesse lugar de desconforto?".

Ela parou, refletiu e, após alguns segundos, respondeu: "Realmente, fui eu que criei a expectativa de ser promovida e não alinhei isso com a minha gestora. Também estou aceitando todos os trabalhos sem dizer não ou negociar os prazos... Ou seja, fui eu que me coloquei nesse lugar".

Após uma breve conversa, ela percebeu que, por mais esforçada que fosse, seus comportamentos não atingiam o resultado que ela esperava e, por isso, estava frustrada.

**Quantas vezes construímos o próprio problema sem perceber?**

Portanto, na terceira coluna, analise de forma profunda: o que você está fazendo de forma ineficiente que lhe dificulta atingir os seus próprios objetivos? Ou o que você está deixando de fazer? Ou seja, como você é parte do problema?

Mas cuidado!

Costumo ver muitos líderes colocando uma certa máscara de herói nessas horas, evitando sua vulnerabilidade. Coisas do tipo: "O que deixo de fazer é ter paciência com pessoas que não conseguem entender o que eu explico" ou "O que deixo de fazer é demitir pessoas desmotivadas". Não identificar com mais profundidade o problema pode ser uma ótima justificativa para se isentar dos seus 33%.

Após perceber que você é parte do problema, vamos descobrir como ser parte da solução. Mas antes precisamos diagnosticar que competências você está deixando de utilizar na *Accountability*.

Para isso, nosso próximo passo é realizar uma autoavaliação das competências da *Accountability* considerando as situações relatadas no exercício anterior.

## AVALIANDO MINHAS COMPETÊNCIAS

Considerando que você se deu conta de como está sendo parte do que o incomoda, precisamos agora identificar que competência você está deixando de utilizar nesse momento.

Para isso, elaborei um breve questionário que vai facilitar sua autopercepção sobre os seus comportamentos. Na primeira coluna, você vai compreender a que passo aquela competência está associada. Na segunda, você encontrará o nome da competência e, na terceira, uma breve descrição do comportamento. Você poderá marcar um X na coluna que corresponde à sua frequência de utilização daquele comportamento.

Seja o mais sincero possível na sua análise. Se achar necessário, peça opinião de pessoas próximas que possam lhe ajudar a perceber como você atua na prática.

| PASSO | COMPETÊNCIA | COMPORTAMENTO | NUNCA | ÀS VEZES | COM FREQUÊNCIA | SEMPRE |
|---|---|---|---|---|---|---|
| Consciência | Autoconsciência | Reconheço com facilidade e profundidade meus sentimentos, crenças, valores, medos, gatilhos e como isso impacta meus comportamentos. | | | | |
| | Responsabilização | Assumo integralmente minhas responsabilidades e falhas sobre as diferentes situações nas quais estou envolvido(a). | | | | |
| | Comprometimento | Assumo e cumpro com todos os meus compromissos e responsabilidades sempre. | | | | |
| | Clareza de propósito | Tenho total clareza de por que faço o que faço e dos meus objetivos pessoais e profissionais. | | | | |
| | Clareza de expectativas | Busco proativamente entender de forma objetiva o que é esperado por mim. | | | | |
| Impacto | Escuta ativa | Costumo ter consciência de minhas limitações, aceitando críticas, feedbacks e outros pontos de vista de forma aberta e ponderada. | | | | |
| | Comunicação assertiva | Consigo me posicionar com clareza e respeito sobre minha opinião, mesmo quando algo me incomoda. | | | | |
| | Empatia | Consigo identificar as necessidades do meu interlocutor e adequar meus comportamentos para gerar o melhor impacto. | | | | |
| | Autogestão | Consigo planejar, organizar, priorizar e cumprir com minhas atividades sem necessidade de orientações ou direcionamentos constantes. | | | | |
| Solução | Proatividade | Apresento iniciativa diante das diferentes situações, independentemente de solicitações externas. | | | | |
| | Resiliência | Consigo lidar de forma eficiente com os problemas, gerando aprendizado constante perante os obstáculos. | | | | |
| | Foco em solução | Apresento alternativas diante dos obstáculos mantendo um alto nível de empenho na busca por soluções. | | | | |

Fonte: Elaborado pela autora.

Diante dessa autoavaliação, você deve ter percebido que não necessariamente existe apenas uma competência a ser desenvolvida quando se trata de uma postura autorresponsável. É comum que algumas competências caminhem juntas no processo, pois elas estão intimamente correlacionadas quando falamos sobre o nosso jeito de ser e reagir ao mundo.

Às vezes, por exemplo, a baixa comunicação assertiva está relacionada à baixa responsabilização, que, por sua vez, converge em baixa resiliência e foco em solução.

Ou a falta de clareza de propósito está relacionada a uma baixa clareza de expectativa, que deságua em baixa proatividade e foco em solução. Enfim, são inúmeras composições que podem surgir, conforme enfrentamos os desafios e as frustrações do dia a dia.

Portanto, não adianta olhar por uma única ótica. O processo de desenvolvimento ocorre como um sistema integrado, no qual uma competência reage sobre a outra. O mais importante é compreender como essa correlação está configurada, buscando a origem dessa engrenagem.

## CONSTRUINDO MEU PLANO DE DESENVOLVIMENTO INDIVIDUAL

Uma vez identificadas as competências necessárias para o desenvolvimento de sua *Accountability*, o próximo passo é construir o seu Plano de Desenvolvimento

Individual (PDI). Existem vários modelos no mercado, por isso optei por deixar essa etapa mais simples. Se achar importante um reforço, sugiro pesquisar sobre modelos de PDI e escolher o que está mais de acordo com o seu estilo pessoal.

Para direcionar essa etapa, vamos retomar nossa tabela inicial, composta por três colunas, e adicionar uma quarta chamada "O que devo passar a fazer ou fazer diferente para gerar um novo resultado?".

## Exercício 3

| O QUE ME INCOMODA | QUANTO SOU RESPONSÁVEL POR ESTA SITUAÇÃO | O QUE FAÇO QUE ME TORNA RESPONSÁVEL POR ESTA SITUAÇÃO | O QUE DEVO PASSAR A FAZER OU FAZER DIFERENTE PARA GERAR UM NOVO RESULTADO |
|---|---|---|---|
|  |  |  |  |
|  |  |  |  |
|  |  |  |  |

Fonte: Elaborado pela autora.

Para preencher essa nova coluna, pense nas competências que você avaliou com uma frequência de uso mais baixa, bem como aquelas que você precisa incorporar ou substituir em seu repertório para que a situação se configure da melhor forma.

Por exemplo: se você percebe que a sua comunicação não é tão clara, que você não explicita o seu desconforto ou ponto de vista, escreva exatamente o que você precisa fazer para assegurar uma melhor solução, como utilizar a Comunicação Não Violenta[40] quando algo o incomoda para garantir que as suas necessidades sejam ouvidas.

Ou você pode ter se deparado com a situação contrária e ter percebido que a sua comunicação não é tão assertiva porque agride e afasta as pessoas na hora de se posicionar. Logo você também trabalhará a competência da comunicação, mas seu motivador será garantir um impacto melhor nas pessoas. Por exemplo: utilizar a Comunicação Não Violenta quando não concorda com algo para garantir adesão das pessoas.

É muito importante que você reconheça o seu motivador da mudança, o porquê de você pretender agir diferente. Se achar necessário deixar isso bem claro, inclua mais uma coluna: "motivador da mudança". Essa conexão com a sua própria verdade é fundamental para assegurar a sustentação do seu novo modelo. Se mesmo assim você não conseguir...

---

40 ROSENBERG, M. B. *Comunicação Não Violenta: técnicas para aprimorar relacionamentos pessoais e profissionais*. São Paulo: Ágora, 2006.

## LIDANDO COM AS MINHAS DIFICULDADES E OS MEUS OBSTÁCULOS

Mudar é difícil. Temos uma certa tendência a retornar para o nosso lugar de segurança porque, por mais ineficiente que seja aquele comportamento, ao menos já conhecemos suas consequências. Explorar o novo é desafiador, dá medo. Mas lembre-se: *Accountability* é para corajosos e, se você chegou até aqui, é porque está disposto a tentar fazer diferente.

Então o que fazer se não perceber minha mudança de comportamento?

Conforme comentei, estudo *Accountability* há muitos anos e posso garantir que ser 100% *accountable* é muito difícil – se não impossível. Mas estamos em um processo de evolução constante e dar o próximo passo já é uma meta possível. O que eu faço quando, particularmente, vejo que não estou fazendo diferente?

Volto para o meu mantra: "Quais são os meus 33%?" e me recolho em uma viagem interior. Peço ajuda, pergunto, faço terapia, leio, enfim, busco formas de tentar identificar o que está me segurando para evoluir. Aqui vai uma breve dica: você pode estar preso a um medo ou uma insegurança ou até um ganho secundário. Por exemplo, deixar de assumir suas próprias vulnerabilidades por receio de ser considerado incompetente ou, neste mesmo caso, pelo ganho secundário de ser reconhecido por nunca errar.

Voltando ao exemplo da comunicação, por mais que você tenha exercitado a Comunicação Não Violenta, no fundo você acredita que expor o seu sentimento e a sua necessidade em uma situação do trabalho pode parecer fraqueza diante dos outros. Por isso, sem perceber, aborta a iniciativa. Neste caso, do que você está com medo? O que você está evitando perder?

Um ganho secundário geralmente está atrelado a algo que você consegue, mesmo se mantendo naquele lugar. Por exemplo: eu reclamo porque, assim, as pessoas me dão atenção.

Vejo muitas pessoas desistirem quando se deparam com os seus obstáculos internos, mas também vejo outras se descobrirem e encontrarem o seu verdadeiro EU. É emocionante, porque, como já disse, é libertador. Portanto, recolha-se, organize-se internamente, busque fontes diferentes, mas não desista da sua felicidade. Ninguém fará isso por você.

## UM BREVE RELATO INSPIRADOR

Enquanto terminava este livro, tive a oportunidade de concluir paralelamente um processo de *coaching* com um gerente geral de uma grande empresa de logística. O objetivo era trabalhar a capacidade dele de contribuir com os seus pares de forma mais espontânea, além de ajustar a maneira como delegava poder à sua equipe, até então mais voltada ao microgerenciamento.

Apesar de não termos estruturado o processo com base nas competências da *Accountabilty*, acabamos desenvolvendo vários pontos desse tema.

O primeiro passo – e o mais importante – foi a coragem e a humildade de Vagner, que se colocou prontamente em um lugar de vulnerabilidade. Contou que buscava o seu desenvolvimento, ou seja, que estava disposto a buscar sua autoconsciência, assumindo sua autorresponsabilidade sobre os seus comportamentos.

Durante todo o processo, Vagner se comprometeu com seu objetivo, o que facilitou significativamente seu desempenho nas sessões. As primeiras foram destinadas a diagnosticar os seus valores e as suas crenças. Apesar do histórico de sempre entregar um trabalho bem-feito, a possibilidade de falhar o deixava sempre com um pé atrás. Logo, ele se colocava mais em um lugar de justificativas do que de soluções, criando um ciclo vicioso de comportamento. Lembra que eu comentei que as justificativas são um mecanismo de defesa de inseguranças e medos?

Exploramos em profundidade as questões relacionadas à necessidade de controle de Vagner sobre falhas. Trabalhamos a sua forma de alinhar expectativas com os seus pares e liderados, bem como a sua capacidade de escutar ativamente e se comunicar de forma assertiva. Desenvolvemos essas competências sempre buscando soluções de forma adaptativa e resiliente. A todo o momento, eu o convidava a olhar para os seus 33% e identificar novas formas de lidar com medos e dificuldades. Tivemos sessões intensas das quais ele saiu bem reflexivo.

Ao final de dez encontros, fizemos o fechamento do processo. Pedi que me contasse sobre a sua experiência e evolução. Confesso que nunca me emocionei tanto em uma devolutiva. Vagner iniciou a conversa contando sobre os desafios que precisava superar e sua trajetória ao longo das sessões. Relatou sobre os obstáculos e as crenças superadas, bem como os percalços vividos no caminho. Como uma linha do tempo que se organiza, ele apresentou a somatória das mudanças que viveu nos meses trabalhados. Ao final, Vagner disse: "Meu maior ganho foi poder dialogar com os meus medos de forma mais vulnerável e, consequentemente, ser uma pessoa mais autorresponsável, leve e feliz".

Para os céticos de plantão, validei essa evolução com o gestor dele, o qual mencionou sua surpresa com o desenvolvimento de Vagner. Como já disse anteriormente: assumir a autorresponsabilidade da sua vida é libertador.

Mas qual foi o grande diferencial desse processo?

Definitivamente, foi a coragem e a humildade de Vagner de se permitir ser vulnerável e enfrentar os seus medos e as suas inseguranças de peito aberto. Como disse anteriormente, as competências são ferramentas para essa jornada, mas a essência de uma pessoa *accountable* está na coragem de assumir os seus 33%.

## O QUE VEM DEPOIS?

Meu estudo sobre *Accountability* não para por aqui. Continuo engajada em compreender como podemos assumir o controle de nossas vidas e lidar melhor com as adversidades. Essa humilde tentativa de estruturar esse aprendizado foi só o começo. Muitas novas experiências já estão me chamando para ampliar essa visão e identificar o poder dos outros sobre nós: qual a força que a liderança tem nessa conversa? Qual é o impacto da cultura na construção de um ambiente capaz de incentivar uma postura *accountable*? Qual é a relação da segurança psicológica com *Accountability*? Do quanto precisamos desse ambiente favorável para sermos efetivamente *accountables*? O quanto a cultura brasileira permite posturas vitimistas e valida comportamentos imaturos?

Enfim, são questionamentos para os quais ainda não tenho respostas, mas pretendo descobrir. Portanto, continuo minha batalha contra a vitimização. Espero em breve trazer mais novidades sobre o tema.

Obrigada por se juntar a essa legião.

*"Cada um de nós compõe a sua história
Cada ser em si carrega o dom
de ser capaz de ser feliz."*

**Almir Sater e Renato Teixeira**

FONTE Janson Text LT Std, Alwyn New
PAPEL Lux Cream 70g
IMPRESSÃO Paym